Casa de Médici

Una guía fascinante de la historia de la familia y la dinastía de los Médici

© Copyright 2021

Todos los derechos reservados. Ninguna parte de este libro puede ser reproducida de ninguna forma sin el permiso escrito del autor. Los revisores pueden citar breves pasajes en las reseñas.

Descargo de responsabilidad: Ninguna parte de esta publicación puede ser reproducida o transmitida de ninguna forma o por ningún medio, mecánico o electrónico, incluyendo fotocopias o grabaciones, o por ningún sistema de almacenamiento y recuperación de información, o transmitida por correo electrónico sin permiso escrito del editor.

Si bien se ha hecho todo lo posible por verificar la información proporcionada en esta publicación, ni el autor ni el editor asumen responsabilidad alguna por los errores, omisiones o interpretaciones contrarias al tema aquí tratado.

Este libro es solo para fines de entretenimiento. Las opiniones expresadas son únicamente las del autor y no deben tomarse como instrucciones u órdenes de expertos. El lector es responsable de sus propias acciones.

La adhesión a todas las leyes y regulaciones aplicables, incluyendo las leyes internacionales, federales, estatales y locales que rigen la concesión de licencias profesionales, las prácticas comerciales, la publicidad y todos los demás aspectos de la realización de negocios en los EE. UU., Canadá, Reino Unido o cualquier otra jurisdicción es responsabilidad exclusiva del comprador o del lector.

Ni el autor ni el editor asumen responsabilidad alguna en nombre del comprador o lector de estos materiales. Cualquier desaire percibido de cualquier individuo u organización es puramente involuntario.

Índice

INTRODUCCIÓN 1
CAPÍTULO 1 - EL SURGIMIENTO DE LAS CIUDADES-ESTADO ITALIANAS 3
CAPÍTULO 2 - FLORENCIA ANTES DEL ASCENSO DE LOS MÉDICI 8
CAPÍTULO 3 - LOS PRIMEROS MÉDICI Y COSME, EL «PADRE DE LA PATRIA» 21
CAPÍTULO 4 - LORENZO IL MAGNIFICO (LORENZO EL MAGNÍFICO) 43
CAPÍTULO 5 - EL PRIMER PAPA MÉDICI 90
CAPÍTULO 6 - LA ÚLTIMA GRAN MÉDICI: CATALINA 106
CONCLUSIÓN 114
VEA MÁS LIBROS ESCRITOS POR CAPTIVATING HISTORY 116
BIBLIOGRAFÍA 117

Introducción

Antes de Jeff Bezos, Elon Musk, Bill Gates, Warren Buffet y Richard Branson, antes de los Getty, los Rockefeller, los Vanderbilt y los Rothschild, vinieron los Médici de Florencia. Aunque el nombre no le resulte familiar, es probable que conozca a algunos de los artistas a los que patrocinaron y el movimiento del que formaron parte: el Renacimiento.

La familia Médici de Florencia, Italia, tenía humildes raíces agrícolas, pero gracias al trabajo duro y a una increíble perspicacia política y empresarial, ascendieron a las alturas del poder y obtuvieron riquezas e influencia que eran raras de encontrar entonces e incluso ahora. Fueron banqueros, agentes de poder, mecenas de las artes, arzobispos, cardenales y papas. Fueron quizás la familia más influyente de la Europa del siglo XV, y muchos de sus logros siguen vigentes hoy en día.

Los Médici fueron los mecenas de algunas de las figuras más destacadas del Renacimiento y de la historia del arte, como Da Vinci, Miguel Ángel, Botticelli, Brunelleschi y Donatello, junto con docenas de otras figuras menores. Tal vez otros mecenas habrían aparecido si los Médici no hubieran existido, pero se puede afirmar con seguridad que, en muchos sentidos, los Médici fueron los «Padres del Renacimiento». Financiaron, protegieron y promovieron a algunas de las mentes más brillantes de su época, entre las que se encontraba el controvertido astrónomo y científico Galileo Galilei.

Durante un tiempo, los Médici fueron los más ricos de Europa, y reyes, duques y obispos acudían a ellos para pedir préstamos. Al principio de su increíble ascenso, influyeron y gobernaron Florencia entre bastidores. Los últimos miembros de la familia gobernaron abiertamente como papas, duques y reinas.

Los Médici fueron sobrevivientes. Sobrevivieron a guerras, asesinatos, revoluciones religiosas y a la Reforma protestante (esta última causada indirectamente por uno de los Médici, el papa León X). En esta edición de Captivating History, le presentaremos no solo a León X, sino también a su bisabuelo «Cosme el Grande», a su padre «Lorenzo el Magnífico» y a su sobrina nieta, Catalina de Médici, reina consorte de Francia de 1547 a 1559 y gobernante de facto del mayor país de Europa occidental de 1560 a 1563. Durante ese tiempo, su hijo mayor, Francisco II, era un niño, y también actuó como poder detrás del trono durante los reinados de sus otros dos hijos, Carlos IX y Enrique III.

A medida que lea sobre estos cuatro poderosos personajes, conocerá también a los artistas del Renacimiento y a todo un elenco de personajes que, con suerte, le ayudarán a dar vida a este increíble periodo de la historia de la humanidad.

Capítulo 1 - El surgimiento de las ciudades-estado italianas

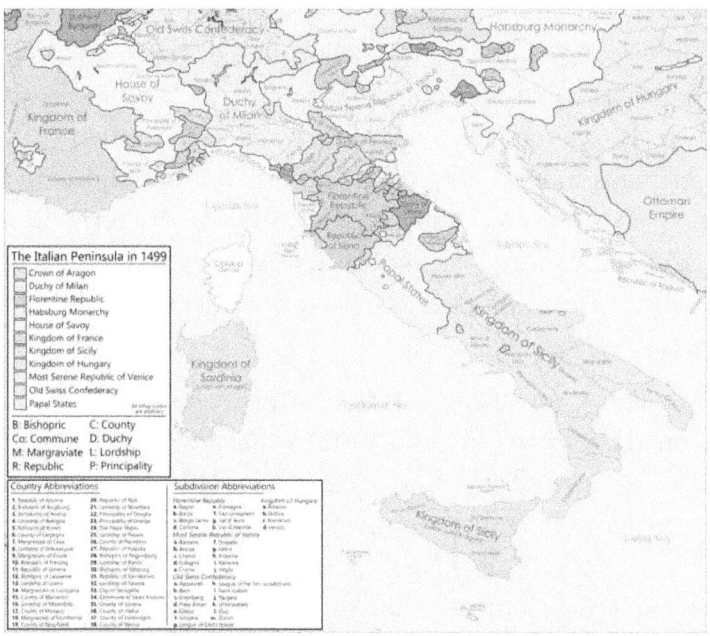

Ilustración 1: La península italiana en 1499. Aunque las fronteras cambiaban a menudo, esta era la forma en que se dividía Italia al principio del ascenso de los Médici al poder a finales del siglo XIV y principios del XV

A finales del año 400 de la era cristiana, el Imperio romano, o más bien lo que quedaba de él, cayó finalmente en manos de las tribus del norte y el centro de Europa, que llevaban unos 150 años atacándola y asediándola. En el año 476, el rey germano Odoacro, parcialmente romanizado, se convirtió en el primer «rey de Italia». El año 476 se considera generalmente el punto final del Imperio romano y el comienzo de lo que se llamaba la Edad Media.

Después de Odoacro llegó Teodorico II, un ostrogodo que estableció su capital en la ciudad nororiental de Rávena, desde donde habían intentado gobernar los últimos emperadores romanos occidentales. Teodorico y los líderes de otras tribus góticas gobernaron gran parte del antiguo Imperio romano de Occidente desde Italia hasta finales del año 500, cuando otra tribu germánica, los lombardos, conquistó gran parte de la península italiana. (El Imperio romano se dividió entre Occidente —centrado en Roma— y Oriente —centrado en Constantinopla— a finales del siglo III). El reino de los lombardos alcanzó su apogeo bajo Aistulf (r. 749-756). Pero bajo la presión de los ejércitos del Imperio romano de Oriente y de los nuevos ejércitos musulmanes en el sur, así como del hombre que se convertiría en el primer «emperador del Sacro Imperio Romano», Carlomagno, en el norte, los lombardos desaparecieron de la historia, aunque dieron su nombre a una región de Italia en el norte: Lombardía.

Carlomagno y sus aliados en la jerarquía católica, en concreto el papa León III, gobernaron gran parte de Italia desde finales del siglo VIII hasta la muerte de Carlomagno en 814. El testamento de Carlomagno preveía la división de su enorme imperio en tres partes, una para cada uno de sus hijos: Carlos, conocido como «el Calvo», a pesar de que aparentemente tenía toda la cabellera, Lotario y Luis, a veces conocido como «Luis el Alemán». Se llegó a un acuerdo con el papa y la Iglesia católica que les otorgó el dominio de una parte importante de Italia.

Ilustración 2: La división del imperio de Carlomagno en 814

La esperanza de Carlomagno era que sus hijos fueran capaces de llevarse bien y trabajar juntos en paz, pero no fue así. Compitieron constantemente entre sí por la influencia, se enfrentaron a veces y trabajaron para socavar al otro durante toda su vida. Como se puede ver en el mapa anterior, Lotario controlaba la importante autopista comercial del río Rin y tenía acceso a los mares del Norte, Mediterráneo y Adriático, pero se encontraba entre sus dos poderosos hermanos. Mantener el control de las partes importantes de su territorio a lo largo del Rin y a la vez controlar Italia era más de lo que él y sus hijos podían manejar.

En el siglo II del nuevo milenio, Italia estaba en proceso de desintegración en un conglomerado de ducados, repúblicas aristocráticas, reinos menores y los Estados Pontificios. Incluso dentro de los Estados Pontificios, los poderosos aristócratas, que a veces se aliaban entre sí y a veces iban independientemente, arrebataban mucho poder al papado. En el mismo sur y en Sicilia, varios poderes, desde piratas hasta califas musulmanes y caballeros normandos, competían entre sí por el control.

Los emperadores del Sacro Imperio Romano Germánico, en particular Federico I de la Casa de Hohenstaufen, conocido popularmente como Barbarroja por su barba roja, intentaron mantener el control de la parte norte de la península italiana. En 1176, las fuerzas de Barbarroja lucharon y perdieron una guerra contra las ciudades de Lombardía, que, a pesar de los continuos intentos infructuosos de los sucesores de Barbarroja, desarrollaron sus propios y complejos gobiernos y organizaciones.

En 1300, lo que hoy es Italia estaba dividido en decenas de entidades grandes y pequeñas, como se muestra en el mapa siguiente.

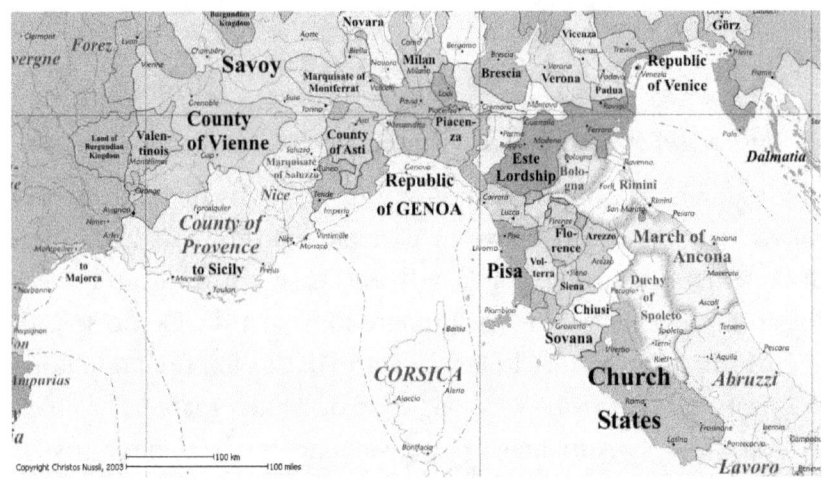

Ilustración 3: En 1300, Florencia era solo una de las muchas entidades políticas italianas, y estaba rodeada por otras ciudades y estados, a veces amistosos y otras hostiles

Como se puede ver, Florencia, que se encuentra a 176 millas al norte de Roma, estaba rodeada de otras ciudades y territorios, y está muy alejada del agua. A primera vista, la ubicación de la ciudad dificultaría su continuidad independiente, y mucho más su prosperidad. Sin embargo, en una época en la que el transporte se limitaba a caminar, montar a caballo o viajar en carro en tiempos con muy pocos caminos útiles y en una zona de valles, colinas empinadas, ríos y barrancos, la ubicación de Florencia sirvió para protegerla de muchos de los problemas que envolvían a otras ciudades-estado a su alrededor.

Florencia también poseía otra rareza: una de las familias con mayor capacidad financiera y política de la historia de la humanidad.

Capítulo 2 - Florencia antes del ascenso de los Médici

Antes de hablar de los Médici, es importante entender la ciudad en la que vivían. Sin los Médici, probablemente no habría existido la «Edad de Oro» florentina, y sin Florencia, puede que no hubiera existido la dinastía de los Médici.

A diferencia de la inmensa mayoría de los estados europeos, que se regían por lo que se conoce como sistema feudal, en el que un señor aristocrático gobernaba las tierras bajo su control más o menos como le parecía, muchos de los estados italianos del centro y el norte de Italia se desarrollaron de forma diferente.

Aunque algunos se autodenominaban o se llamaron «repúblicas», una descripción más precisa podría ser «protorepúblicas». Aunque estos gobiernos eran infinitamente más representativos del pueblo que gobernaban, sobre todo si se comparan con los estados feudales del norte y el este de Europa, se asemejan más al primer sistema parlamentario inglés o al primer siglo y medio de los Estados Unidos.

Muchas personas que no habrían estado representadas (por no decir que no habrían tenido voto) en el resto de Europa, como los pequeños agricultores independientes, los trabajadores urbanos y los comerciantes, sí tenían algo de voz si vivían en una de las mencionadas ciudades-estado italianas, especialmente en Florencia. Es probable que esta forma de gobierno permitiera a las ciudades-estado italianas (sobre todo Florencia, Génova y Venecia) tener un peso y un tamaño muy superiores, tanto económica como políticamente, en comparación con los grandes estados de Europa.

No todo, pero sí gran parte, se debió al pequeño tamaño de estas ciudades-estado. En una época en la que tanto las comunicaciones como los transportes dependían de la velocidad a la que podía viajar un ser humano, un caballo o quizás un barco lento, un estado más pequeño era mucho más fácil de gobernar que uno más grande. La anarquía y la guerra interna casi constante que experimentaban los estados europeos más grandes, aunque existía en los estados italianos, no era, en general, tan sangrienta y prolongada como los conflictos del norte.

La estructura política de Francia, por ejemplo, era un gobierno descendente que funcionaba más o menos así. En la cúspide estaba el rey (o a veces una reina, como en la Inglaterra isabelina, o ambos, como en la España de Fernando e Isabel). Por debajo de él estaban los distintos duques y príncipes, que solían ser sus hermanos, primos u otros familiares cercanos. Estos duques gobernaban regiones importantes (por ejemplo, la poderosa región de Aquitania en el suroeste). Estas regiones podían estar divididas en provincias más pequeñas, cada una de ellas gobernada por uno de los hombres del duque, que podía tener el título de «duque» o quizás uno menor como «barón» o «conde». Estos hombres podían gobernar una ciudad o una región más pequeña dentro de la provincia y, al igual que los duques y príncipes que estaban por encima de ellos, eran responsables de recaudar los impuestos del pueblo, gran parte de los cuales (teóricamente) debían llegar al rey. Muchas familias poseían grandes extensiones de tierra dentro de la provincia, y en cada uno de estos niveles (de nuevo, en términos generales), habrían tenido el control total de su tierra y de las personas que la habitaban, siempre y cuando pagaran sus impuestos y se presentaran con hombres armados cuando fueran convocados por sus señores, ya fuera el rey o el duque local.

El único rival político del poder del monarca era la Iglesia católica y, tras la Reforma de finales del siglo XVI y principios del XVII, los diversos consejos u obispos protestantes que surgieron en diversas localidades de Inglaterra, los estados de Alemania, Escandinavia y Holanda. Antes de la Reforma (especialmente en el periodo de ascenso de la familia Médici a finales del siglo XII), la Iglesia católica era casi todopoderosa en todo el oeste y norte de Europa. Existía un delicado equilibrio entre la Iglesia y el Estado, que a veces fracasaba, dando paso al asesinato político, la manipulación y, a veces, la guerra abierta.

Esto ocurrió de forma irregular entre 1125 y 1186, así como entre 1216 y 1392 (este último es el periodo que más nos interesa aquí). Estas guerras, que enfrentaban a los partidarios de los emperadores del Sacro Imperio Romano con los papas, se conocen como las guerras güelfas y gibelinas.

En el año 1100, dos familias alemanas se disputaban el poder y el puesto de emperador del Sacro Imperio Romano Germánico. Eran los partidarios de Federico I Barbarroja y Federico II (pariente lejano del primero) del principado alemán de Suabia (en la actual Alemania sudoccidental). El nombre «gibelino» es la forma italiana del nombre alemán «Waiblingen», el antiguo castillo de los poderosos duques de Suabia.

Los güelfos estaban formados originalmente por opositores bávaros a la Casa de Suabia y contaban con el apoyo del papa, quien creía que podían ser controlados más fácilmente (los gibelinos creían en la primacía del emperador del Sacro Imperio Romano Germánico en todo lo que no fuera la iglesia). La palabra «Güelfo», o «Güelfi», era la forma italianizada del nombre de una antigua dinastía territorial, los «Welf».

Por supuesto, como la mayoría de las guerras, las guerras güelfas y gibelinas, especialmente la segunda, se convirtieron en un conflicto no solo entre los emperadores del Sacro Imperio Romano Germánico y sus partidarios, por un lado, y los del papa, por otro, sino también en rivales territoriales que prestaban su apoyo a cualquier bando que pareciera estar ganando o que ofreciera más por su ayuda.

De este modo, muchas de las ciudades-estado italianas, que tenían mucho más en común entre sí que con el papado o las fuerzas del Sacro Imperio Romano Germánico (muchas de las cuales procedían de uno de los cientos de estados o dinastías alemanas), entraron en guerra entre sí. Por lo general, estos conflictos entre ciudades-estado tenían menos que ver con el apoyo a uno u otro bando y más con lo que podían ganar de sus rivales locales en términos de territorio, tierras agrícolas, influencia, tesoro y otras ganancias económicas, como los derechos comerciales.

En la década de 1220, Florencia estaba en guerra con las ciudades de Siena (famosa por su carrera de caballos bianual, el Palio de Siena, que todavía se celebra hoy en día) y Pisa (famosa por su torre inclinada). En esta época, Florencia y sus dirigentes aristocráticos se esforzaban por controlar gran parte de la Toscana, la rica región en la que se encontraban ella y las demás ciudades.

Incluso dentro de las ciudades, a veces había divisiones entre güelfos y gibelinos. Esto era especialmente cierto en Florencia. En la segunda mitad del siglo XII, se produjo una guerra de facciones en Florencia. Con la ayuda de las ciudades de Siena, Pisa y Pistoia, los gibelinos tomaron Florencia y la gobernaron durante seis años. En 1266, los güelfos de Florencia, con ayuda de las fuerzas francesas, tomaron el control. Tres años después, los gibelinos volvieron.

A partir de los primeros años de la década de 1300, los güelfos de Florencia se dividieron en facciones, siendo un bando los güelfos negros, que apoyaban al papa Bonifacio VIII, y el otro bando los güelfos blancos, que se oponían a él. En esta lucha, los güelfos negros ganaron. Uno de los blancos era un hombre llamado Dante Alighieri, el autor de la famosa *Divina Comedia*, una de las mayores obras de la literatura, no solo de su tiempo, sino de la historia de la humanidad. Dante, un florentino, fue exiliado, para no volver a ver su ciudad.

Antes de la segunda guerra güelfo-gibelina, los distritos de Florencia estaban representados por ocho cónsules, y había dos o tres por distrito. Estos cónsules trabajaban conjuntamente con los estudiantes de derecho conocidos como *causidisi*. Los cónsules eran elegidos por los nobles propietarios de tierras y los comerciantes ricos. Aquí se puede ver que, aunque adelantada a su tiempo, especialmente en comparación con Francia y otras zonas de Europa occidental, la «democracia» florentina no era representativa de toda la población. Aun así, la inclusión de los mercaderes era un paso en la dirección correcta, y era poco frecuente en la Europa de la época.

Sin embargo, bajo los cónsules había un consejo de entre 100 y 150 miembros, todos hombres. (Aquí, debemos detenernos y decir que, a menos que se mencione específicamente, el gobierno y la población con derecho a voto de la ciudad, como en la mayor parte de Europa de la época, estaba formada solo por hombres). La mayoría de los miembros de este consejo no eran miembros de la nobleza, sino comerciantes, grandes agricultores, etc. Este «Consejo de cónsules» podía deliberar y consultar a los cónsules, pero no tenía poder de decisión final.

En la base de la estructura política estaba el Arengo, que era la asamblea popular que se reunía trimestralmente en un convento florentino. Esta asamblea ratificaba las acciones de los cónsules, aprobaba los tratados y confirmaba los derechos de cada uno de los órganos legislativos superiores.

A lo largo del periodo de la segunda guerra güelfa-gibelina y hasta el año 1300, Florencia se convirtió en el escenario de crecientes luchas entre facciones y de corrupción, que a veces llegaron al derramamiento de sangre. La ciudad estaba controlada por antiguas familias nobles o por ricos mercaderes, y algunas de las familias campesinas más ricas comenzaron a formar alianzas y a competir entre sí por el poder, la riqueza y la influencia en la ciudad.

En gran medida, el centro de Florencia se convirtió en una serie de casas fortificadas, palacios y torres, que protegían a los que estaban dentro y simbolizaban el poder de una facción/familia. Aunque seguían compitiendo entre sí por el poder y el control, la poderosa nobleza y la rica clase mercantil sabían que esas luchas internas debilitarían inevitablemente tanto su posición como la ciudad.

En el año 1100, Florencia y otras ciudades-estado italianas nombraban a un podestá, que proviene de un antiguo término latino que significa «poder» o «autoridad»: *potestas*. Este ejecutivo debía inyectar cierta imparcialidad en la política florentina. Sin embargo, como se puede imaginar, el podestá, que era seleccionado por uno o dos de los organismos políticos mencionados anteriormente, siempre procedía de una facción rica y/o poderosa. Así, pronto comenzarían a tomar decisiones basadas en la lealtad familiar o faccional, y no en los mejores intereses de la ciudad.

Es un tributo a los florentinos que incluso los que se beneficiaban de esta situación sabían que era insostenible, y pronto (a mediados o finales del siglo XI), se decidió que el podestá procediera de fuera de la ciudad. En 1240, los florentinos redactaron el *Liber de regimine civitatum*, o «Libro de la gestión de la ciudad», que, entre otras cosas, regulaba el comportamiento y el poder del podestá.

Una vez identificada y acordada la persona que el consejo quería que sirviera, debían pedir permiso a la ciudad. Esto se hacía a través de una votación, en la que participaban hombres cuyas familias habían vivido en la ciudad y sus alrededores inmediatos durante al menos tres generaciones y que poseían tierras. Si se recibía (y normalmente así era), se contactaba con el candidato al puesto para conocer su salario y cuándo comenzaría su mandato. Si se llegaba a un acuerdo, el día en que iba a comenzar su mandato se celebraba una ceremonia de juramento ante el obispo de la ciudad y una reunión de ciudadanos armados.

Para evitar que el podestá fuera influenciado o sobornado para actuar de una manera u otra, se prohibía su contacto con el pueblo. A todos los lugares a los que iba, le acompañaban siete rectores (representantes de los principales gremios de Florencia), y ni siquiera se le permitía salir a comer.

Además del cargo de podestá, el gobierno florentino contaba con varios controles y equilibrios, al menos antes del ascenso de los Médici a principios del siglo XIV. Otros órganos cívicos también tenían un mínimo de poder político y económico. Se trataba de los gremios, que para nosotros son una forma primitiva de sindicato.

En Florencia, los gremios, o *Arti*, se dividían en tres secciones: los gremios mayores, los gremios medios y los gremios menores. Los gremios mayores, o *Arti Majori*, eran los jueces, los notarios, los mercaderes, los cambistas, los comerciantes de lana, los médicos, los boticarios (farmacéuticos), los tejedores de seda y los peleteros/curtidores. Los gremios intermedios (*Arti Mediane*) eran los carniceros, los pastores (ganaderos), los herreros, los zapateros, los maestros canteros y talladores de madera, los fabricantes de lino, los vendedores de telas al por menor y los sastres. Los gremios menores (*Arti Majori*) eran vinateros, posaderos, comerciantes de aceite de oliva y provisiones (queseros, fabricantes de velas, jaboneros, cordeleros, etc.), fabricantes de sillas de montar y arneses, cerrajeros, fabricantes de herramientas, armeros, espadachines, carpinteros, panaderos y molineros. En los actos públicos y en algunas negociaciones, esta estructura gremial servía para establecer precedencias y, sobre todo en los gremios menores, era habitual el movimiento entre «rangos».

Curiosamente, en una ciudad que se haría famosa en todo el «mundo conocido» por su arte y sus artistas, los pintores no tenían su propio gremio. Pertenecían al gremio de médicos y boticarios (los pintores compraban sus pinturas y pigmentos a los boticarios). Los escultores pertenecían al gremio de los maestros canteros y talladores de madera. Los escultores que trabajaban el metal pertenecían al gremio de los herreros.

El jefe de cada gremio era un capitán o *gonfaloniere* («abanderado»). En la década de 1400, el nombre de gonfaloniero se dio también a un nuevo jefe ejecutivo. Cada gremio tenía una sede, un estandarte y una estructura política.

En los siglos XIII y XIV, el crecimiento de la clase media no aristocrática aumentó enormemente la popularidad y el poder de los gremios, y también dio lugar a otra estructura política: «el pueblo» (en latín, *populo*). Aunque el nombre hace pensar que el pueblo llano era el líder de este grupo, no lo era. Más bien, la clase media y los comerciantes ricos lo dominaban. Sin embargo, el *populo* daba voz al pueblo llano a través de sus miembros más ricos e influyentes y en la elección de algunos de los líderes del barrio.

En la Florencia renacentista, el *populo* se dividía en veinte secciones o «compañías», que representaban el número de barrios de la ciudad. Cada grupo tenía un gonfaloniero, que era asistido por cuatro rectores. Estos eran elegidos por un consejo de veinticuatro hombres, que a su vez eran elegidos por los miembros de cada compañía. En tiempos de guerra, la milicia florentina se dividía por compañías.

Por último, el «pueblo» en su conjunto estaba dirigido por un capitán (*capitano*). Este hombre podía ordenar el toque de la campana de la Torre de los Leoni («Leones»), cerca del Ponte Vecchio (uno de los monumentos más reconocidos de Florencia), en el centro de la ciudad, cuando había problemas. También acompañaba al podestá en los actos públicos como «representante del pueblo».

Ilustración 4: El Ponte Vecchio en la actualidad. Su aspecto es casi idéntico al de la época de los Médici

Como se puede ver, el gobierno de Florencia antes, durante y justo después de las guerras güelfas-gibelinas era extremadamente raro para la época. Como con cualquier sistema, hubo momentos en los que no funcionó como se pretendía, pero teniendo en cuenta la época y la naturaleza de los gobiernos de la mayor parte de Europa en ese momento, la estructura gubernamental fue un ejemplo notablemente temprano de la evolución del gobierno republicano/representativo.

Tras el caos de la segunda guerra güelfo-gibelina y las luchas civiles que se produjeron en Florencia durante el conflicto, la forma representativa de gobierno de Florencia, que había servido adecuadamente en los dos siglos anteriores a la guerra, comenzó a cambiar.

La democracia funciona muy bien en tiempos de paz. En la guerra, las crisis y las emergencias requieren una acción rápida que a veces no se da en un gobierno atascado por la burocracia o por demasiadas instituciones, especialmente si ninguna de ellas tiene un papel definido en una situación de emergencia. Además, la democracia (o al menos lo que pasaba por ella en Florencia en aquella época) se movía lentamente, incluso en tiempos de paz. Aunque el consenso suele ser bueno para evitar los conflictos internos, a menudo se mueve con mucha lentitud. Además, la creciente clase media florentina ansiaba tener más poder político a medida que aumentaba su poder económico.

En otras ciudades-estado italianas, algunas de las cuales tenían estructuras de gobierno similares a la de Florencia, surgió un nuevo órgano político: la Signoria, que se basaba en el poder de una familia y su jefe, el signore. Esto era muy similar a la estructura de lo que llamamos la Mafia.

En Florencia, la Signoria adoptó una forma diferente. Había nueve miembros llamados priores (*Priori*); seis eran de los gremios mayores y dos de los menores. Al principio, estos hombres servían durante dos meses, pero se descubrió que esto era impráctico y se cambió a seis. Se elegía un gonfaloniero para que los representara solo en ciertas funciones y eventos importantes.

En Florencia, una confusa serie de nuevos órganos políticos sustituyó a las estructuras existentes antes y durante la segunda guerra güelfa-gibelina. Los priores estaban obligados a consultar con otros dos organismos: los Doce Hombres Buenos (*Dodici Buonomini*) y los Dieciséis Gonfalonieros (*Sedici Gonfalonieri*). Otros órganos políticos eran el *Otto di Guardia* (cuyo nombre, tanto en español —el «Ocho de la Guardia»— como en italiano, desmiente su función: la policía secreta), y los *Sei di Commercio* («Seis de Comercio»), que vigilaban la actividad económica en la ciudad y sus alrededores.

En tiempos de guerra u hostilidad inminente, se requerían dos tercios de los votos para formar un órgano de emergencia conocido como los *Dieci di Balía*, o los «Diez de Guerra», que seguramente estaba compuesto por soldados experimentados y hombres poderosos. Los Diez de Guerra tenían poder de emergencia solo en tiempos de conflicto.

A lo largo del siglo XIII, Florencia fue escenario de mucha violencia, caos político y cambios. Los cambios que dieron origen a las estructuras mencionadas implicaron intentos de gobernantes extranjeros de ejercer un gobierno unipersonal sobre Florencia.

Hacia el final de la lucha por el poder de los güelfos negros y blancos en Florencia, el rey güelfo de Nápoles, Roberto de Anjou (a veces conocido como «Roberto el Sabio», el hombre más poderoso de Italia y cuya familia paterna tenía raíces y vastas tierras también en Francia), marchó a Florencia en 1313, aparentemente para poner fin a la lucha entre facciones en la ciudad. Los ancianos de la ciudad le ofrecieron a Roberto el cargo de signore, que aceptó. Roberto gobernó Florencia durante unos cinco años, pero estaba más preocupado por el crecimiento de su reino que por gobernar una pequeña provincia italiana. Así, la ciudad consiguió evitar los peligros de un gobierno unipersonal y del feudalismo.

Sin embargo, en 1325, el hijo de Roberto, Carlos de Calabria (una ciudad del sur de Italia), fue invitado por los florentinos a servir como su capitán militar y gobernador durante diez años cuando fue amenazado por el líder de una ciudad cercana, Lucca. Carlos no perdió tiempo en afirmar su firme control sobre la ciudad, y parecía que intentaba erigirse en signore permanente de Florencia. Sin embargo, murió en 1328, apenas dos meses después de que falleciera el líder de los hostiles lucchese (el pueblo de Lucca).

Una vez más, en 1342, la ciudad estaba amenazada, y los florentinos pidieron a un conocido militar y mercenario, Walter de Brienne (una ciudad cercana a Toulouse, Francia), que asumiera el poder por contrato durante un año hasta que se hiciera frente a la amenaza. Walter intentó romper su contrato al cabo de un año y se erigió en dictador de Florencia, pero eso fue demasiado para los florentinos. Se alzaron contra él y le hicieron huir de la ciudad en junio de 1343.

La situación se mantuvo relativamente tranquila durante treinta y cinco años. En 1378, se produjo la revuelta de los ciompi. Los ciompi eran los trabajadores de la lana pobres y asalariados de Florencia que se encontraban en el escalón más bajo de uno de los gremios menores. No solo los gremios menores fueron esencialmente apartados, sino que dentro del gremio, los ciompi eran lo más bajo de lo bajo. Eran pobres trabajadores que no tenían ningún poder. «Ciompi» es como la palabra inglesa «clomp» (pisar fuerte), ya que estas personas recibían su nombre por el sonido que hacían sus zapatos de madera sobre el pavimento.

De 1375 a 1378, Florencia se vio envuelta en una guerra que la enfrentó a las fuerzas del papa Gregorio XI, quien intentaba aumentar por la fuerza el tamaño de las tierras de la iglesia. Aunque Florencia había expulsado a los gibelinos contrarios al papa años antes, la maniobra del papa Gregorio XI para apoderarse de la ciudad fue demasiado. Se produjo una guerra entre Gregorio y sus aliados, y los florentinos y sus aliados, que se enfrentaban a la misma amenaza.

En Florencia se aprobaron una serie de confusas ordenanzas que arrebataron el poder a un gran número de antiguas familias ricas güelfas. Se habían trasladado del campo a Florencia a principios del siglo XIII, y se creía que apoyaban a Gregorio. En 1378, esto suponía la mayoría de las familias ricas de Florencia. En junio de ese año, uno de los líderes de la ciudad, el gonfaloniero Salvestro de' Médici (que pertenecía a lo que la historia conoce como la rama secundaria y menos ilustre de los Médici), encendió a los gremios menores y a sus trabajadores, muchos de los cuales eran los ciompi del gremio de la lana. El 21 de junio estalló la violencia en toda la ciudad entre los ciompi y sus partidarios de los gremios menores y los de la clase media y los gremios mayores. En julio, aparentemente los ciompi y los gremios menores habían ganado, y habían formado una nueva estructura política en la que cada gremio menor tenía un lugar en el gobierno.

El jefe de este nuevo gobierno era un hombre llamado Michele di Lando. Entre julio y finales de agosto, los dos bandos en conflicto libraron una guerra económica y política entre sí. Los comerciantes y la clase media iniciaron un cierre patronal que impedía a los trabajadores acudir a sus puestos de trabajo, y el nuevo gobierno de los gremios menores aprobó leyes que daban más derechos y votos a las masas, y no solo a los que estaban en la cima del orden económico, político y social.

A finales de agosto, comenzaron las luchas internas entre los ciompi y los gremios menores, y los más radicales pidieron una reestructuración completa del gobierno de Florencia. Di Lando y los elementos más conservadores del movimiento se dirigieron entonces a los comerciantes y a la clase media con un plan. El 31 de agosto, Di Lando convocó una manifestación masiva en la plaza principal de Florencia, la Piazza della Signoria. Cientos de ciompi llegaron, pero se encontraron con que todas las salidas de la plaza estaban bloqueadas. Las fuerzas de la clase media, junto con mercenarios contratados, los masacraron prácticamente a todos.

Con la caída de los ciompi, Florencia entró en una nueva fase, dominada por las familias ricas. Una de ellas emergió por encima de todas las demás como líder indiscutible de la ciudad: los Médici. Y esto se pudo ver en el ascenso de un hombre sorprendente llamado Cosme de' Médici, también conocido como «Cosme el Viejo».

Ilustración 5: Representación contemporánea de la masacre de los ciompi, 1378

Capítulo 3 - Los primeros Médici y Cosme, el «padre de la Patria»

El nombre «Médici» significa «médicos», pero no hay pruebas de que ninguno de los primeros miembros de la familia ejerciera la medicina. Entre la familia y en Florencia existía la leyenda de que un antiguo antepasado de los Médici era médico y que las seis bolas rojas sobre un campo de oro del escudo familiar representaban algún tipo de píldoras. Sin embargo, las píldoras, tal y como las conocemos, no se desarrollaron hasta algún tiempo después del ascenso de los Médici. Mucha gente creía que el escudo simbolizaba en realidad unas pesas bizantinas medievales llamadas *bisanti*, que eran utilizadas como patrón de medida por comerciantes y banqueros.

Ilustración 6: Escudo de la familia Médici en la época de Cosme I. El escudo cambió a medida que crecía la fortuna de la familia

En el año 1300, un hombre llamado Averardo de' Médici ejerció de gonfaloniero, pero en aquella época los Médici eran probablemente una familia de laneros y comerciantes que, aunque tenían éxito, no se acercaban a amasar las riquezas de sus descendientes. Su nieto, también llamado Averardo, comenzó a amasar una verdadera fortuna, sobre todo para los comerciantes. El bisnieto del mayor de los Averardo, Giovanni di Bicci de' Médici (nacido en 1360), fue el primero en amasar lo que podría considerarse una «fortuna», y fue también el primero de lo que se conoció como la «primera rama» de los Médici, de la que surgió Cosme. Otra rama, conocida como la «rama secundaria», contaba con papas posteriores y otras figuras influyentes.

Cuando Giovanni tenía tres años, su padre murió y su testamento dividió su fortuna entre sus cuatro hijos. Como Giovanni era un niño, recibió poco. En una época en la que los ricos solo vivían hasta los cincuenta años, los niños empezaban a trabajar o a ser aprendices a una edad temprana. Así que, probablemente alrededor de los trece años, Giovanni fue aprendiz de un tío, Vieri de' Médici, que dirigía un negocio de cambio de moneda y financiaba empresas comerciales a lo largo de la costa oriental del Adriático. Más tarde, Vieri se asoció con tres de sus sobrinos, entre los que se encontraba Giovanni, establecido en Roma. A Giovanni le debió ir bien, ya que estableció un amplio círculo de clientes y contactos comerciales, así como de amigos y conocidos personales, por razones que se pondrán de manifiesto en breve.

En 1393, Vieri se retiró y entró en la vida política, convirtiéndose en el gonfaloniero de Justicia; sin embargo, solo vivió dos años después de su retiro del negocio. Al retirarse, su negocio se dividió entre sus sobrinos. Los bancos dirigidos por los dos primos de Giovanni acabaron disolviéndose, uno poco después de empezar y otro a mediados del siglo XIX. De los tres, Giovanni fue el que tuvo más éxito y fundó el Banco de los Médici en 1397.

Además de su banco, que tenía sucursales no solo en el norte de Italia, sino también en Francia, los Países Bajos, Inglaterra y Alemania, Giovanni tenía el negocio de lana de la familia. También era miembro de dos gremios en Florencia: el de la banca y el del comercio de la lana (una forma de obtener poder político era la pertenencia a varios gremios). Giovanni, junto con otros miembros influyentes de la ciudad, comenzó a patrocinar las artes, especialmente las cívicas (arte que beneficiaría a la ciudad en general). Algunos ejemplos son las ahora famosas representaciones en bronce del Baptisterio de Florencia. Estos hombres influyentes también conocieron al que pronto sería el famoso arquitecto Filippo Brunelleschi y a Donato di Niccolo di Betto Bardi, más conocido por la historia como el maestro escultor Donatello.

Ilustración 7: Giovanni de' Médici

La familia de los Médici se estaba haciendo poderosa e influyente incluso antes del ascenso de Giovanni y de su aún más poderoso hijo, Cosme. Como se ha leído, un pariente lejano llamado Salvestro de' Médici apoyó la revuelta de los ciompi. Por su parte, Giovanni también jugaba con las masas, la mayoría de las cuales, entonces como ahora, vivían al día (o «florín a florín», como era en el 1400). Giovanni sabía que el apoyo de las masas podía traducirse en poder político en tiempos difíciles. Para ello, en 1427, Giovanni, como gonfaloniero, impulsó un impuesto sobre la renta que se sumaba al impuesto de capitación o cabeza de familia que cada cabeza de familia pagaba por sus miembros. Este primer impuesto sobre la renta, o catasto, ascendía a la mitad del 1% de los ingresos de la familia. No era muy oneroso, pero afectaba mucho más a los ricos que a los pobres. Como es de suponer, esto le granjeó a Giovanni muchos enemigos que estaban decididos a derribar la Casa de Médici.

Por suerte, Giovanni tenía dos ases en la manga del Renacimiento. Uno de ellos era el hecho de que había pasado su tiempo en Roma conociendo a los actores del poder. Durante treinta y nueve años (de 1378 a 1417), la Iglesia católica vivió lo que se conoce como el Cisma de Occidente. La historia del Cisma de Occidente es demasiado larga para nuestro propósito, pero basta con decir que el cargo de papa no era solo religioso, sino también político, y los hombres luchaban por la oportunidad de ejercer ese poder. En aquella época, esto solía significar una poderosa familia italiana y sus aliados contra otra familia y sus aliados. Uno de los resultados del Cisma de Occidente fue la existencia de dos papas: uno en Roma y otro en Aviñón, Francia. Hacia el final del cisma, hubo incluso un tercer papa con sede en Pisa, Italia.

Al final, se convocó el Concilio de Constanza (1414-1418) para resolver el cisma, así como los problemas y molestias que trajo consigo. Los papas romano y pisano fueron obligados a abdicar, y el papa de Aviñón fue excomulgado (apartado completamente de la iglesia).

En esta lucha por el poder en la Iglesia católica, Giovanni apoyó al ganador, que se convirtió en el papa Martín V. Con el ascenso de Martín, el Banco Médici ganó el premio de los premios en la banca medieval; se convirtió en el banquero de la Iglesia católica. No solo eso, sino que Giovanni también consiguió asegurarse la amistad del «antipapa» pisano (como se llamó más tarde a los antiguos papas no romanos del cisma). Se puede ver fácilmente su habilidad para equilibrar la personalidad y el poder.

En los últimos años de su vida, que fue larga para los estándares de la época (sesenta y ocho años), Giovanni entró en la política y comenzó a dotar proyectos para mejorar Florencia, en particular su barrio cerca de la Basílica. En 1417, la peste azotó Florencia y Giovanni fue uno de los pocos ricos de la ciudad que ayudó a los pobres. También desempeñó un papel importante en la construcción de un hospital para niños, que fue diseñado por Brunelleschi. En realidad, fue Giovanni quien impulsó a Brunelleschi como arquitecto del monumento más reconocible de Florencia y la gloria suprema del arquitecto: la cúpula de la Catedral de Santa María del Fiore.

A su muerte, en 1428, Giovanni había sentado las bases de la futura dinastía de los Médici en Florencia. Los Médici fueron la familia más poderosa de Florencia y quizás de Italia durante más de un siglo después de su muerte. Fueron amados por muchos por sus buenas obras y su mecenazgo de las artes. También fueron odiados por muchos por su poder y por las medidas que a veces tomaban para mantenerlo, así como por familias deseosas de suplantarles como la familia más importante de Florencia.

Cosme el Grande

Cosme de Médici nació en 1389 y, durante los primeros cuarenta años de su vida, aprendió una valiosa lección: cómo moverse entre bastidores y no llamar la atención. Después de todo, vivió la primera parte de su vida a la sombra de su padre, Giovanni.

Cosme aprendió en las rodillas de su padre, y sus responsabilidades se fueron ampliando a medida que crecía. Cuando se casó, a los veinticinco años, ya había viajado mucho, era relativamente conocido y estaba bien considerado. A todas luces, Cosme era una especie de Warren Buffet de la época del Renacimiento, este último, a pesar de su inmensa riqueza, vive en la misma modesta casa de Omaha que compró en 1958. Sin embargo, hay que tomar con pinzas la reputación de Cosme, ya que la mayoría de las fuentes lo presentan como un hombre humilde y trabajador que tenía algunos de los mismos hábitos de los hombres de negocios de hoy en día, como levantarse temprano cada mañana e ir a su oficina.

En su juventud, tuvo un hijo ilegítimo de una esclava. Probablemente, el escarmiento familiar y sus propias creencias religiosas, además de la preocupación por su imagen y la madurez, pusieron fin a esto. Según todos los indicios, Cosme fue la imagen del «hombre de familia» durante el resto de su vida. En su tiempo libre, plantaba viñedos y podaba sus árboles frutales. Vestía con modestia, y nunca se le vio borracho o comiendo demasiado en los numerosos banquetes por motivos políticos y económicos que organizaba o se organizaban en su honor. La gente que era invitada a la casa de la familia casi siempre se asombraba de la diferencia entre sus hábitos gastronómicos privados y los festines que organizaba para otros hombres, mujeres y familias prominentes.

Según los relatos contemporáneos, Cosme era un hombre humanitario, indulgente, apacible y tranquilo. Por supuesto, también era el jefe de una de las familias más ricas de Europa, por lo que Cosme debía tener un lado despiadado, sobre todo porque vivía en Florencia a principios del siglo XIV. Sin embargo, sabemos que valoraba su anonimato y prefería moverse discretamente entre bastidores.

Para tener su familia y continuar con el negocio familiar, Cosme tenía que casarse, y su matrimonio no podía ser con cualquiera. Lo más probable es que se casara por amor; según todos los indicios, siguió siendo fiel después de su matrimonio. En 1422, se casó con Contessina de' Bardi, una hija de la que había sido la familia más rica de Florencia hasta que tomaron una decisión comercial tremendamente mala.

A finales de la década de 1330, el rey de Inglaterra, Eduardo III, inició lo que se conoció como la guerra de los Cien Años con Francia, en un intento de hacer valer lo que creía que era su legítimo derecho al trono de Francia. Para ello, Eduardo no solo necesitaba aumentar los impuestos a su pueblo, sino también conseguir préstamos. La cantidad de dinero que necesitaba era tan inmensa que tuvo que conseguir préstamos de bancos tanto dentro como fuera de Inglaterra. Dos de los lugares donde consiguió grandes préstamos fueron las familias Bardi y Peruzzi de Florencia, que en ese momento eran las principales familias bancarias de Florencia.

Por desgracia para las familias Bardi y Peruzzi, cuando Eduardo III dejó de pagar sus cuantiosos prestamos, no tenían medios para cobrar. Dos pequeñas familias de Florencia, Italia (a 750 millas de Inglaterra en línea recta), nunca iban a obligar al rey de Inglaterra a pagarles. Así que, se fueron a la quiebra.

Cosme de' Médici, cuyo Banco de los Médici se convirtió en el más grande de Florencia, se hizo cargo del vacío. Pronto sería el más grande de Europa. Al casarse con Contessina de' Bardi, Cosme se aliaba y ayudaba a una familia que iba a quedar en la ruina. Además, los Médici compraron la Casa di Bardi, la casa ancestral de la familia Bardi, que fue donde Cosme y su esposa vivieron hasta la muerte del padre de Cosme, Giovanni. Su primogénito, Piero (conocido por la historia como «Piero el Gotoso» por la enfermedad que padecían él y muchos otros de los Médici), nació allí. El padre de Contessina fue nombrado socio menor de los negocios de los Médici para endulzar el asunto y consolidar aún más la nueva alianza.

Ilustración 8: Retrato de Cosme por Bronzino, c. 1545, basado en un retrato anterior

Tras la muerte de Giovanni, Cosme y su familia se trasladaron a una nueva residencia, en realidad un palacio que Cosme llevaba tiempo construyendo. Se trataba del Palazzo Médici, conocido hoy como Palazzo Médici Riccardi por la familia que lo adquirió a finales del siglo XVII. En la actualidad, el palacio se encuentra dentro de la ciudad de Florencia, apiñado entre otros edificios y es la sede del gobierno florentino, además de un museo. Sin embargo, cuando Cosme se instaló en él, el palacio estaba rodeado de terrenos, así como de elementos de seguridad. El palacio fue diseñado por Michelozzo di Bartolomeo Michelozzi, que no solo fue uno de los más grandes arquitectos de la época, sino también amigo personal de Cosme, manteniéndose así en los buenos y en los malos momentos.

La construcción del palacio supuso un problema para Cosme. Su familia no pertenecía a la nobleza; en realidad, muchas de las antiguas familias nobles de Florencia consideraban a los Médici parte del pueblo llano o quizá lo que hoy algunos llamarían los *nouveau riche* («nuevos ricos», un término despectivo para quienes tenían más dinero que gusto y modales). En aquella época, esto era más grave de lo que podría ser hoy. Hoy en día, ser *nouveau riche* puede suponer que se cierren algunas puertas, pero en la Florencia del Renacimiento y en muchas otras partes de Europa (y durante mucho tiempo después), comportarse, vestirse y alojarse por encima de su «posición» era una violación de la ley. Se llamaban leyes suntuarias, e incluso existían en algunas colonias americanas antes de la revolución estadounidense.

Para Cosme, había mucho en juego. Se había convertido en uno de los hombres más ricos de la ciudad, y había muchos que estaban deseando verle a él y a su familia desplazados y escarmentados. Cuando pensó en el palacio, llamó al que era reconocido como el arquitecto más brillante (y difícil) de Florencia, Filippo Brunelleschi, considerado hoy el padre de la arquitectura renacentista.

Por regla general, Cosme prefería dar una imagen de humildad y reserva, pero en el caso de la casa familiar, sabía que las apariencias a veces lo eran todo. También era un amante de las artes, por lo que quería que su casa reflejara tanto la creciente influencia de su familia como su mecenazgo de las artes en Florencia. Esto no solo le complacía personalmente, sino que también estaba claramente hecho para sobrecoger a los clientes potenciales y actuales, así como a los enemigos potenciales y actuales.

El problema del diseño de Brunelleschi era que era demasiado impresionante. El palacio de Brunelleschi, si se hubiera construido, habría sido enorme, mucho más allá de los estándares de la época y mucho más allá de los objetivos declarados y no declarados de Cosme. Si él hubiera permitido la construcción del palacio, habría enfadado no solo a la nobleza y a otras familias ricas, sino también al pueblo de Florencia.

Aunque Florencia se estaba convirtiendo rápidamente en una de las ciudades más ricas de Italia (y de Europa), la mayoría de la gente seguía siendo desesperadamente pobre. Cosme se había convertido en un «hombre del pueblo» al financiar no solo el Hospital de los Inocentes, sino también la primera biblioteca de la ciudad y otros proyectos cívicos. A lo largo de la vida de Cosme y de su hijo Lorenzo, la gente común acudía a las oficinas de los Médici y a menudo se reunía con Cosme (o Lorenzo) para pedirle un favor. Por lo general, acudían con un regalo, tal vez queso o vino, si se dedicaban a esos oficios, o algún tipo de juego para la mesa de los Médici. La mayoría de las veces, salían de la reunión con, al menos, la promesa de que sus preocupaciones serían estudiadas. Si recuerda las películas del *Padrino*, así es como operaba Don Corleone: un favor por un favor. En el caso de Cosme, estos favores no se solían pedir, excepto cuando él y la familia necesitaban el apoyo del pueblo para sacar adelante un proyecto o una jugada política patrocinada por Médici.

Alienar a la gente común construyendo un palacio demasiado grande estaba descartado. El pueblo esperaba algo especial de lo que pudiera enorgullecerse, ya que sabía que su patrón era un hombre de poder, prestigio y gusto. Pero «demasiado era demasiado»; era una línea fina pero no escrita.

En cuanto a la nobleza, casi cualquier cosa extravagante habría sido un caso de plebeyo que intentaba vivir por encima de su posición. A pesar de que Cosme acabó adjudicando el contrato a Michelozzi, cuyos planes estaban mucho más en consonancia con el pensamiento de Cosme, los nobles de la ciudad, que ya estaban preocupados porque Cosme estaba ganando demasiado poder e influencia, utilizaron el palacio como excusa para atacarle.

A finales de la década de 1420, Florencia estaba dominada por los Albizzi, una familia de nobles que había desempeñado un papel en el gobierno de Florencia durante al menos un siglo. A medida que Cosme se hacía más rico e influyente, y que su palacio empezaba a crecer, el jefe de los Albizzi, Rinaldo, empezó a protestar contra la elevación de Cosme y su familia por considerarlos fuera de su posición.

Rinaldo degli Albizzi tenía aliados fuera de la ciudad, ya que había servido en el cuerpo diplomático de Florencia. También había dirigido las fuerzas florentinas cuando sofocaron una rebelión en la cercana ciudad de Volterra (1428), que había sido anexionada por Florencia en el siglo XIII. Albizzi también tuvo problemas con las autoridades florentinas por embarcarse en una guerra contra la cercana ciudad de Lucca, que inició con un pretexto poco convincente. Aunque los florentinos tomaron la ciudad, Albizzi fue devuelto a Florencia por enriquecerse personalmente ordenando el saqueo de Lucca, algo que estaba prohibido.

Para mantener la influencia de su familia y mantener a raya a los Médici en ascenso, Albizzi convenció a otras familias nobles para que atacaran a los Médici de cualquier forma posible. La forma más fácil y menos costosa era acusar a Cosme de violar las leyes suntuarias. No se trataba de una broma; cuando Cosme fue finalmente juzgado, era posible que el gonfaloniero de Justicia (que estaba en el bolsillo de los Albizzi) condenara a Cosme a muerte.

Durante algunos años, los intentos de los Albizzi y otros nobles de exiliar a los Médici fueron bloqueados por otro poderoso noble y aliado de los Médici, Niccolo da Uzzano. Pero tras la muerte de Uzzano en 1431, los Albizzi y sus aliados hicieron su jugada. En septiembre de 1433, Cosme fue llevado bajo guardia al Palazzo Vecchio, que era, entonces como ahora, el ayuntamiento de Florencia. El destino final por violar las leyes suntuarias, especialmente cuando las aplicaba el enemigo, era la muerte. Y no una muerte cualquiera: el infractor sería arrojado desde la ventana más alta de la torre del Palazzo Vecchio para mostrar a los demás florentinos lo que ocurría cuando alguien «llegaba demasiado alto». Dio la casualidad de que Cosme fue encarcelado en la celda donde esa ventana daba a la plaza principal de la ciudad.

El otro temor de Cosme era el veneno, que era quizás el método de asesinato más favorecido en la Italia del Renacimiento. Sorprendentemente, a Cosme se le concedió permiso para recibir comida de su casa, y se la trajo un guardia que era inusualmente amable con el jefe de los Médici, un guardia que seguramente fue sobornado y que probablemente repartió dinero en nombre de Cosme cuando no estaba en el trabajo.

Los Albizzi y sus aliados presionaron para que se dictara la sentencia de muerte, pero esta fue detenida por la apelación de un monje popular e influyente llamado Ambrogio Traversari. Algunos católicos italianos lo honran como un santo hasta el día de hoy por sus buenas obras y su apoyo al papa en el siglo XIV, en una época en la que la Iglesia estaba sacudida por el conflicto. La pena impuesta a Cosme fue de veinte años de vida en el exilio.

Ilustración 9: El Palazzo Vecchio tiene hoy un aspecto muy parecido al de la época de Cosme

Naturalmente, Cosme y toda su familia (incluidos hermanos, sobrinos, etc.) tuvieron que abandonar el Palacio de los Médici, e hicieron una primera y breve parada en la ciudad de Padua, a unas 140 millas al noreste de Florencia, cerca de la famosa ciudad de Venecia, que fue donde establecieron su hogar temporal.

Aparte de evitar la muerte por impacto con la plaza mayor de Florencia, el exilio de Cosme tuvo otro beneficio. Mucha gente creía que Cosme podría organizar su propia huida y luchar contra las otras familias en una guerra abierta. Si hubiera sido asesinado, su familia ciertamente habría ido a la guerra. Al aceptar el exilio, Cosme evitó a Florencia una costosa guerra, que habría costado no solo vidas, sino también tesoros. Tras su aceptación del exilio, algunas otras familias nobles empezaron a cambiar su opinión sobre Cosme y los Médici, aunque fuera ligeramente. Por su parte, los pobres de Florencia y sus alrededores estaban agradecidos, ya que probablemente habrían formado parte de los ejércitos de las facciones rivales y habrían sufrido, con diferencia, la mayor cantidad de bajas.

Por supuesto, Cosme no aceptó simplemente su exilio y se retiró a un cómodo anonimato en Venecia. Además de llevar consigo la sucursal florentina del Banco Médici, también repartió la riqueza, sabiendo que el dinero bien invertido, ya sea en propiedades o en sobornos, suele amortizarse muchas veces, sobre todo en una época en la que las leyes se cumplían a rajatabla. Esto hizo que muchas personas y empresas influyentes abandonaran Florencia y se unieran a Cosme en Venecia.

El exilio de Cosme duró solo un año. Durante su ausencia, Florencia fue dirigida esencialmente por Rinaldo degli Albizzi. Entró en guerra con el poderoso Ducado de Milán. La guerra fue mala para Albizzi. Eso, combinado con la tremenda salida de dinero de Florencia debido a Cosme y su influencia, hizo que la Signoria llamara de nuevo a Cosme y exiliara a Albizzi en su lugar. Durante su exilio, Albizzi se volvió contra Florencia y se acercó al duque de Milán para devolverle el poder en Florencia una vez ganada la guerra. Desgraciadamente para Albizzi, las tornas cambiaron a favor de Florencia, y en la batalla de Anghiari en 1440, los florentinos y sus aliados derrotaron a Milán. Esto se debió en gran parte a Cosme de' Médici, que había contactado con el experimentado y poderoso mercenario Francesco Sforza para que dirigiera las fuerzas florentinas, junto con una considerable fuerza mercenaria. Todo esto fue pagado y equipado por los Médici.

Ilustración 10: En 1505, Leonardo da Vinci recibió el encargo de crear un cuadro que conmemorara la victoria de Florencia en Anghiari. Nunca lo pintó, pero sí creó un boceto, que se ve aquí

Algunos años más tarde, el ahora famoso politólogo Nicolás Maquiavelo (que en un momento dado trabajó con los Médici, luego contra ellos y después de nuevo con ellos) escribió un relato sobre el regreso de Cosme del exilio: «Rara vez se ha dado el caso de que un ciudadano, al volver triunfante de una victoria, haya sido recibido por la patria con tal reunión de gente y con tal derroche de benevolencia».

Por supuesto, Maquiavelo fue empleado de los Médici en su momento, y admiraba a la familia incluso cuando se oponía a ellos, así que esto debe tomarse con cautela. En cualquier caso, en muy poco tiempo, Cosme pasó de ser un exiliado a ser el poder en Florencia, aunque no tenía ningún cargo oficial. Cosme tuvo cuidado de trabajar entre bastidores, sin llamar demasiado la atención. Aunque la ciudad seguía siendo ostensiblemente una república, todos los que estaban en el poder sabían que era prudente pasar por Cosme antes de avanzar.

Bajo el mandato de Cosme, Florencia comenzó a expandir su influencia fuera del centro y el norte de Italia y al resto de Europa. Aunque había sucursales del Banco Médici en gran parte de Italia y el noroeste de Europa, no fue hasta que Cosme regresó del exilio que Florencia y el nombre de los Médici se convirtieron en palabras casi familiares. En 1438, Cosme consiguió convencer al papa Eugenio IV de que cambiara la ubicación del próximo concilio entre el papa y el patriarca de la Iglesia ortodoxa griega de la ciudad italiana de Ferrara a Florencia. El concilio debía curar las desavenencias entre las dos principales ramas de la cristiandad de la época, por lo que este movimiento fue un gran golpe para Cosme y Florencia, ya que no solo aportó prestigio y renombre a Florencia, sino también negocios. Florencia se benefició a corto plazo, pero el cisma entre los cristianos continuó.

Hoy se recuerda a Cosme y a los Médici sobre todo por su gran mecenazgo de las artes, pero en aquella época, Cosme, como poder de facto en Florencia, tenía preocupaciones más urgentes de las que ocuparse que las creaciones de genios a veces malhumorados. Además de dirigir sus negocios, Cosme se enfrentaba a importantes decisiones que podían decidir el futuro y/o la supervivencia de la propia Florencia.

Como hemos visto, los florentinos y sus aliados derrotaron la mayor amenaza a su independencia, el Ducado de Milán, en la batalla de Anghiari en 1440. Como parte de la paz que siguió a la batalla, el duque de Milán, Filippo Maria Visconti, había dado a su hija en matrimonio al comandante mercenario de los ejércitos de Florencia, Francesco Sforza. El duque también había prometido que, a su muerte, Milán sería gobernada por Sforza. Sin embargo, cuando murió en 1447, su testamento contenía una sorpresa. Había incumplido su promesa y, lo que es peor, había convertido al rey de Nápoles, el poderoso Alfonso I de Aragón, en el nuevo gobernante de Milán. Si Alfonso gobernaba el ducado de Milán junto con sus territorios en el sur, se convertiría en el hombre más poderoso de Italia, exceptuando (quizás) al papa.

Cosme determinó que lo mejor para Florencia era respaldar a Sforza, a pesar de que a la muerte del duque, el pueblo había declarado una república; Sforza era decididamente antirrepublicano. Para empeorar las cosas, los venecianos, una poderosa república que rivalizaba con Florencia en riqueza e influencia, pero que se había aliado con Florencia en la batalla de Anghiari, se pusieron en contra de Florencia y Sforza. Peor aún, la mayor parte de la población de Florencia estaba en contra de la guerra, especialmente después de que los milaneses declararan una república.

Cosme sabía que la república milanesa no iba a durar: el pueblo de Milán y sus territorios circundantes no eran lo suficientemente fuertes como para aguantar un asalto del rey de Nápoles. También sabía que, independientemente del estado de las relaciones de Florencia con Venecia, las dos ciudades siempre competirían entre sí por los negocios, no solo en Europa, sino también en Oriente Medio, debido a su acceso a las mercancías del Lejano Oriente y la India. El único problema que Florencia tenía con Milán era territorial (no comercial), y si Sforza y su familia gobernaban allí, serían poderosos aliados florentinos. Además, Cosme buscó la ayuda de un poderoso socio comercial, Carlos VII de Francia.

La guerra se desarrolló entre 1448 y 1454, y Francesco Sforza y los florentinos salieron victoriosos. Al final, la situación era tan mala en Milán (disturbios, hambre, etc.) que los milaneses le abrieron las puertas y le ofrecieron la corona ducal. Sorprendentemente, el gobierno de Sforza, que duró hasta su muerte en 1466, fue sorprendentemente ilustrado. Convirtió a Milán en una ciudad de aprendizaje y arte renacentista. Murió como un gobernante popular y, de forma intermitente, sus descendientes gobernaron Milán hasta 1535.

A lo largo de la historia, varias ciudades, por una u otra razón, han destacado por encima de las demás. En los siglos XVIII y XIX, París y Londres se disputaron el protagonismo. En el siglo XX, Nueva York se convirtió en la capital cultural y económica del mundo. Algunos creen que Shanghái puede ser la ciudad del siglo XXI. Desde mediados del siglo XIV hasta la mayor parte del siglo XVI, Florencia fue ese lugar. Se convirtió en la ciudad más rica de Europa y en su centro cultural. El Renacimiento comenzó en Italia, pero para ser más precisos, comenzó en Florencia. Y eso se debe en gran medida a los Médici.

Incluso antes de que Cosme alcanzara la preeminencia en Florencia, fue un gran mecenas de las artes. De hecho, una de las obras que encargó fue el famoso *David* de Donatello (que no debe confundirse con el más famoso David de Miguel Ángel). El *David* de Donatello fue la mayor estatua exenta desde la época clásica de Roma, pero metió a Cosme en un lío antes de su exilio; de hecho, podría haber contribuido a ello.

Ilustración 11: El David de Donatello en el Museo Nazionale del Bargello, Florencia, en la actualidad

La estatua de Donatello era especialmente llamativa para la época. Además de recrear una forma de arte perdida (la gran estatua exenta), el artista también retrató al antiguo rey judío bajo una luz muy diferente a la de la gran mayoría del arte de la época. En la mayoría de las obras (generalmente pinturas), David era representado como un joven o como un rey mayor y cansado del mundo. En la obra de

Donatello, como se puede ver, David es un adolescente o un joven mayor, y está, obviamente, desnudo.

Donatello (1386-1466) trabajó durante lo que los historiadores han llamado el Renacimiento temprano, y el resurgimiento del desnudo en la escultura y la pintura, que sería una característica prominente del arte renacentista posterior, apenas se estaba experimentando. Como se puede adivinar, los artistas de la época lucharon tanto en su interior como con la iglesia y el pueblo sobre la moralidad de pintar figuras desnudas. Al fin y al cabo, era una época en la que las creencias religiosas eran lo más importante en la vida de la gran mayoría de la gente.

La estatua de Donatello fue alabada por su habilidad y belleza, pero también fue condenada por su desnudez y erotismo. Por extensión, también lo fue el hombre que financió al artista, Cosme de' Médici. Aunque no se sabe con exactitud cuándo Donatello terminó la estatua, se cree que fue encargada en la década de 1430, justo cuando Cosme se encontraba en apuros por el diseño de su palacio y la violación de las leyes suntuarias. Sabemos que la estatua se colocó en el palacio de los Médici en 1469 y que probablemente ya estaba allí antes, puesto que Donatello murió en 1466. Sin embargo, con el tiempo, cualquier controversia sobre la estatua debió desaparecer, ya que, en 1494, la estatua fue trasladada al patio del palacio de la Signoria durante otro exilio de la familia Médici. Más tarde sería trasladada a otros lugares muy públicos hasta que finalmente encontró un hogar en el Museo Bargello, donde se encuentra actualmente.

Cosme también encargó obras a los ahora famosos pintores Fra Angelico, Lorenzo Ghiberti y otros. Su nieto encargaría obras a los más grandes artistas de todos los tiempos.

Tras la caída de Roma, gran parte de su aprendizaje, cultura e historia acumulada desapareció. Solo el cielo sabe lo que se destruyó en las invasiones y saqueos de Roma que tuvieron lugar en la última parte del Imperio romano de Occidente. Por suerte, tanto en el Imperio romano de Oriente, centrado en Constantinopla, como en

Oriente Medio, donde Roma tenía colonias y donde tanto el aire seco como el valor otorgado a la educación salvaron gran parte del aprendizaje antiguo, sobrevivieron muchos discursos, historias, dramas y estudios científicos/médicos. En Occidente, muchos manuscritos sobrevivieron a las guerras al estar escondidos en iglesias y monasterios, lo que los mantuvo relativamente a salvo de los merodeadores. Los que asaltaban estos lugares sagrados buscaban oro y plata, no pieles de cordero. Los Médici se encontraban entre los grandes coleccionistas y vendedores de manuscritos antiguos. El redescubrimiento del saber antiguo fue quizás el mayor catalizador del Renacimiento, que, después de todo, significa «volver a nacer». En este caso, el «renacimiento» fue la renovación de las ideas clásicas romanas y griegas.

En 1444, Cosme fundó la primera biblioteca pública de Europa. En ella había una copia original de las *Pandectas* del emperador Justiniano, una colección de leyes romanas. También había manuscritos del senador romano Cicerón y del historiador Tácito, poemas de Virgilio y Plinio el Viejo, y obras de los primeros escritores del Renacimiento, como Boccaccio, Dante y Petrarca, entre otros. Sorprendentemente, la biblioteca sobrevivió a otro periodo de exilio de los Médici en la última parte del siglo XIV, así como a un traslado a Roma y luego a un regreso a Florencia, donde se encuentra hoy.

Cosme de Médici murió en 1464. Tuvo dos hijos: Piero y Giovanni. Ambos parecían destinados a tener una vida corta e infeliz, a pesar de tener todo lo que el dinero podía comprar en aquella época, incluida la mejor educación. Piero fue enfermizo desde joven, y Giovanni parece haber sido la versión renacentista del «niño rico mimado». Le gustaba más comer, beber y ser mujeriego que el negocio familiar que le permitía hacer esas cosas. A pesar de todo, parece que Giovanni era el hijo predilecto de Cosme.

Giovanni murió en 1463, por lo que el último año de vida de Cosme fue infeliz, con una excepción. El único punto positivo para él fue su nieto Lorenzo, que era un niño vivaz y que, al entrar en la adolescencia, comenzó su educación al lado de su abuelo. Lorenzo impulsaría a los Médici a alturas aún mayores.

Ilustración 12: La tumba de Cosme en Florencia. La inscripción dice: «Aquí yace enterrado Cosme de los Médici por decreto público apodado "Padre de la Patria"». Véase en la bibliografía un interesante artículo sobre los significados ocultos y no tan ocultos en el mármol

Capítulo 4 - Lorenzo il Magnifico (Lorenzo el Magnífico)

Lorenzo de' Médici tuvo la hercúlea tarea de mantener la fortuna de los Médici y la influencia de la familia en una época en la que muchos querían hundirla. Para aquellos que sean aficionados al fútbol americano y al boxeo, un comentario que se oye a menudo es que «es más fácil ganar el campeonato que mantenerlo». En el camino de ascenso, hay muchos contendientes, y es fácil esconderse entre el montón. Pero una vez que se llega a la cima, uno se convierte en un objetivo. Los boxeadores y los mariscales de campo le dirán que cada combate o partido que juega como campeón es mucho más difícil, porque cada contendiente se esfuerza por conseguir el mayor premio: derrotar al hombre, la mujer o el equipo que está en la cima. Lorenzo experimentó exactamente lo mismo, pero para él y su familia, la contienda era de vida o muerte.

Sin embargo, antes de llegar a la vida completa de Lorenzo, debemos hablar de otros dos miembros menos conocidos de la familia Médici.

El hijo ilegítimo de Cosme, Carlo (1428/30-1492), fue enviado al sacerdocio, aunque no fue por elección. Sin embargo, en la Florencia de 1400 no se solía ir en contra de los deseos del padre. Y siendo el padre de Carlo quien era, este obedeció antes que enfrentarse a la vida por sí solo como «bastardo», como se decía tan ignominiosamente en la época. Ascendió mucho en las filas de la Iglesia católica, y llegó a ser uno de los funcionarios eclesiásticos de la catedral de Florencia y también administrador de dos iglesias cercanas. Además, ocupó el poderoso cargo de recaudador de impuestos para el papado, y fue el representante del papa en Toscana. Al igual que su padre, Carlo coleccionaba arte, en este caso, una gran colección de medallones, algunos de los cuales todavía pueden verse en Florencia.

Ilustración 13: Carlo de' Médici a partir de un cuadro de Mantegna

Más importante en la historia de Lorenzo fue su padre, Piero. Piero era el hijo mayor de Cosme, y era conocido como «el Gotoso» por la enfermedad, a veces debilitante, que padecían él, su padre y su hijo. Cuando Cosme falleció, Piero tenía ya cuarenta y ocho años, lo que le convertía en casi un anciano en el año 1400. Sin embargo, eso significaba que Piero había estado dirigiendo las operaciones diarias de los negocios de los Médici, con la consulta de Cosme, durante bastante tiempo.

Piero nació en 1416 y recibió la mejor educación que el dinero podía comprar, aunque parecía que no viviría lo suficiente para ponerla en práctica. Además de padecer gota, de niño era enfermizo y relativamente débil. Sin embargo, en un cuadro que situaba a los Médici y a sus aliados en la historia bíblica de los Reyes Magos visitando al niño Jesús, Piero parece sanamente robusto, y las estatuas contemporáneas de él muestran a un hombre que no parece ni enfermizo ni gordo.

Ilustración 14: Piero en un cuadro de Gozzoli, 1459-1460, que adorna las paredes del Palacio Médici

Aparte del «juicio» que le llevó a un breve periodo de exilio, es muy probable que Cosme se enfrentara a una serie de complots, ya que era tremendamente rico e inmensamente poderoso. Sin embargo, debió de conseguir cortarlos de raíz o evitarlos. Una de las conspiraciones que evitó fue la del banquero rival Luca Pitti, que había conseguido el cargo de gonfaloniero de Justicia. El golpe, que tuvo lugar en 1458, fracasó y Pitti fue exiliado. Pitti regresó finalmente a Florencia tras la muerte de Cosme, y parece que trabajó mano a mano con Piero en la promoción de la causa de Florencia tanto en Italia como en Europa.

En el caso de Piero, el complot, como tantos otros en la historia, vino (al menos parcialmente) desde dentro. Cuando Cosme redactó su testamento, creyó que Piero necesitaría ayuda para dirigir el imperio de los Médici y nombró a un asesor de confianza para que le ayudara tanto en los negocios como en la política de la empresa de los Médici. Se trataba de Diotisalvi Neroni, quien había estado con Cosme durante algún tiempo y había ayudado a Cosme a regresar a Florencia tras su exilio.

Tras dos años en el poder, Piero tuvo que enfrentarse a los desafíos de otros destacados empresarios y nobles. El consejero Neroni, Luca Pitti, el noble Agnolo Acciaiolo y el primo de Piero, Pierfrancesco, desarrollaron un complot para matar a Piero y derrocar a la Casa de Médici. Se suponía que esto ocurriría el 26 de agosto de 1466, mientras Piero se desplazaba desde su casa de verano en la Villa Médici de Careggi, a las afueras de la ciudad, hasta sus oficinas en Florencia. Sin embargo, cuanto mayor es el número de personas implicadas en un complot y cuanto más grande (y rico) es el objetivo, más posibilidades hay de que alguien filtre la información. Durante años, los Médici habían incluido en su nómina a muchos comerciantes y guardias importantes, entre otros, lo que les permitía obtener información de todo tipo de todos los niveles de la vida de la ciudad. Uno de los conspiradores, un noble llamado Giovanni II Bentivoglio, ya estaba en la nómina de los Médici o decidió que tenía más que ganar con los Médici que con los conspiradores. En cualquier caso, Piero y su hijo Lorenzo, que ahora tenía dieciséis años y estaba entrenado en las artes militares, fueron informados del complot.

Cuando los asesinos se reunieron en el lugar donde esperaban que estuvieran Piero y su pequeña guardia, en su lugar se encontraron con Lorenzo al frente de un batallón, que probablemente sería de entre cincuenta y cien hombres o jinetes armados. Los asesinos huyeron y Piero comenzó su venganza. En primer lugar, celebró unas elecciones claramente amañadas. Esto colocó a los partidarios de los Médici en posiciones de poder y a él mismo como el amo absoluto de Florencia. La mayoría de los conspiradores lograron escapar, yendo al exilio de por vida, con la excepción de Luca Pitti, que se lanzó a la misericordia de Piero. La recibió, en cierto modo. A Pitti se le permitió volver a su casa y a sus negocios, pero los Médici iniciaron una sostenida campaña comercial contra los Pitti y los llevaron a la bancarrota en un plazo relativamente corto.

Algunos historiadores, entonces y ahora, sostienen que el complot contra los Médici fue en realidad un intento de devolver a Florencia el republicanismo que había disfrutado antes de la llegada de Cosme al poder. Hay argumentos para ello, pero teniendo en cuenta que Cosme fue exiliado por comportarse «por encima de su lugar» y el hecho de que los conspiradores eran empresarios o nobles de éxito, uno no puede dejar de preguntarse si simplemente querían sustituir una oligarquía por otra.

El complot contra la vida de Piero no fue el único desafío al que se enfrentó durante su breve mandato al frente de los Médici. Una vez, la amenaza vino de la Serenísima República de Venecia (en italiano, *La Serenissima*), el mayor competidor comercial de Florencia. Venecia, como ya se ha mencionado, tenía un inmenso imperio comercial, e incluso gobernaba colonias en Grecia, las islas griegas y la costa adriática en lo que hoy es Croacia y Albania, además de poseer estaciones comerciales y puestos avanzados en el norte de África y Oriente Medio. También contaba con una poderosa armada, cosa que Florencia, como ciudad sin salida al mar, no tenía (aunque esto no sería motivo de disputa cuando, en algún momento del futuro, Florencia consiguiera un puerto en la costa occidental de Italia).

Los dirigentes de Venecia seguían resentidos por lo que consideraban la traición de Cosme y su apoyo a Sforza, que había llevado a la pérdida de la influencia veneciana en Milán. En 1467, estalló la guerra entre los venecianos (dirigidos por el famoso guerrero-mercenario Bartolomeo Colleoni) y las tropas de la ciudad de Ferrara y otras ciudades menores del norte de Italia contra Florencia, a la que se unieron Sforza y las tropas de Milán, la ciudad italiana de Bolonia y las tropas del rey Fernando II de Aragón (el hombre que, junto con su esposa Isabel de Castilla, financió los viajes de Cristóbal Colón). La corta guerra fue ganada por Florencia, lo que amplió la influencia de la ciudad y de los Médici. (Sin embargo, hay que tener en cuenta que los venecianos también estaban luchando durante diez años en una guerra intermitente contra el creciente Imperio otomano).

En cinco años, Piero había combatido un complot contra su gobierno y había conducido victoriosamente (aunque no en el campo de batalla) a Florencia a la victoria contra Venecia. El esfuerzo de dirigir la ciudad y los negocios de la familia, además de lidiar con las conspiraciones y la guerra, hizo mella en el ya poco saludable y comparativamente viejo Piero, y murió de una hemorragia cerebral en 1469. Aunque la ciudad le ofreció un periodo de luto, no se le celebró la muerte como a su padre. Tampoco se le concedió un entierro en la Basílica de San Lorenzo como a Cosme. Aun así, su tumba fue decorada con una estatua del conocido escultor Verrocchio y se colocó en la sacristía de la catedral, lo que sigue siendo un gran honor.

Uno de los legados duraderos de Piero fue su mecenazgo de las artes, en particular de un artista, Alessandro di Mariano Filipepi. A continuación se muestra una obra de Filipepi.

Por supuesto, usted conoce esta obra como *El nacimiento de Venus* de Sandro Botticelli, que fue el nombre que adoptó Filipepi en su ascenso a la fama como uno de los más grandes artistas de Europa (y ahora reconocido como uno de los grandes pintores de la historia). Botticelli, al igual que Gozzoli, también recibió el encargo de pintar una versión «Médici» de la *Adoración de los Reyes Magos*, que incluía figuras de la familia, así como sus aliados y probables amigos en Florencia. Sin embargo, la identidad de algunas de las figuras se ha perdido en el tiempo.

Ilustración 15: En su Adoración de los Reyes Magos, *Botticelli incluye a Piero (en el centro, con la túnica roja), a Cosme (regalando al Niño Jesús) y a Lorenzo y Giuliano, los hijos de Piero (en primer plano, a la izquierda). Se cree que Botticelli se incluyó a sí mismo como la figura que le mira en la esquina más a la derecha. El cuadro fue encargado por un aliado de los Médici para su tumba, y presumiblemente, él también aparece en la pintura*

Cuando Piero murió en 1469, los negocios de la familia Médici y su poder en Florencia recayeron en el mayor de sus dos hijos: Lorenzo. Él tenía solo veinte años, lo que es joven para los estándares actuales, pero habría sido casi de mediana edad para la época del Renacimiento. Y resultó que moriría joven (a los cuarenta y tres años), en parte por complicaciones derivadas de la gota y la mala circulación, al igual que su padre. Pero en esos veintitrés años como cabeza de la familia Médici, Florencia se convirtió en el centro del mundo cultural europeo.

A finales del siglo XVII y a lo largo del XVIII, en París, algunos nobles liberales, escritores, pensadores, pintores y un sorprendente conjunto de mujeres inteligentes y con talento formaban lo que se conocía como el salón, un lugar para que los intelectuales de la época discutieran los asuntos del momento, las artes, la filosofía, la política y mucho más. Las reuniones de Lorenzo Médici en Florencia son anteriores a los salones parisinos en más de dos siglos. El abuelo y el padre de Lorenzo, así como su madre, Lucrecia Tornabuoni, culta y políticamente implicada (su padre era de una antigua familia noble, y su madre de una importante familia florentina, los Guicciardini), le habían proporcionado la mejor educación que el dinero podía comprar. Aprendió mucho de filosofía y política, no solo de su padre y su abuelo, sino también del entonces famoso neoplatónico (suscriptor de los recién redescubiertos escritos de Platón) Marsilio Ficino. Cuando Lorenzo llegó a liderar a los Médici, él y su hermano menor, Giuliano, se encontraban realmente en la cúspide de la sociedad florentina; tenían dinero, inteligencia y buena apariencia (aunque muchos dirían que Lorenzo tenía un carácter adusto y áspero, a pesar de su aparente buen humor en la mayoría de las ocasiones).

Lorenzo no fue llamado «el Magnífico» por casualidad. Por supuesto, parte de esta reputación provenía de la generosidad que mostraba, no solo al encargar grandes obras de arte, sino también por las asombrosas cantidades de dinero que invertía, otorgaba y donaba a Florencia y a sus numerosas causas. Quizá debamos detenernos un momento para explicar de cuánto dinero estamos hablando exactamente.

Se ha calculado que la riqueza de los Médici en su momento álgido, incluyendo propiedades, impuestos pagados y moneda fuerte (fue la época en la que se empezó a llevar una contabilidad meticulosa) era, en dólares estadounidenses actuales, una cantidad aproximada o superior a la de los hombres más ricos de la actualidad: más de ciento veinte mil millones de dólares. Se dice que solo

Lorenzo aportó (en impuestos, donaciones, proyectos cívicos, etc.) casi quinientos millones de dólares en la moneda actual. La mayor parte de esas inversiones se gastaron en Florencia y sus alrededores. Así pues, imaginemos una ciudad de menos de 100.000 habitantes (un poco más si incluimos los alrededores bajo su control) en la que se gastaron 500 millones de dólares en unos veinte años. Esta fue la Edad de Oro de Florencia, y Lorenzo fue su amo durante la mayor parte de ella.

Lorenzo sabía lo que implicaba ser el jefe de una de las familias más poderosas de Italia (y de Europa). El resultado era que siempre iba a haber mucha gente envidiosa, odiosa y/o ávida de poder. Competir con los Médici era posible, hasta cierto punto, pero trabajar con ellos era una alternativa mucho mejor. Eso significaba, simplemente, «O estás conmigo o estás contra mí». Las otras familias poderosas de Florencia (recordemos que no es que los Médici fueran los únicos dueños del banco o los únicos comerciantes de lana de Florencia) pensaban lo mismo. Después de todo, la Florencia del Renacimiento podía ser un lugar bastante peligroso para jugar a la política del poder, ya que el exilio era quizá la más leve de las penas en una época en la que se utilizaban regularmente las mazmorras y la tortura.

Lorenzo no solo conocía el precio del poder; lo había visto cuando la familia Pitti había intentado matar a su padre. Mencionamos que fue Lorenzo quien los había ahuyentado. Tendría que enfrentarse a este tipo de peligro en otro complot más eficaz después de llegar al poder.

Lorenzo había aprendido mucho de su padre y de su abuelo, pero cometió un grave error: olvidó que el poder de los Médici provenía de la banca y el comercio. Cualquier poder político que tuvieran provenía de eso, y no al revés. Lamentablemente, durante los veintitrés años que Lorenzo fue el «señor» de facto de Florencia, se concentró más en la política y menos en el comercio y la banca. Entre eso y los gastos que hizo por su pasión por las artes y el sentimiento cívico, así como por la buena vida, la fortuna de los Médici comenzó a menguar. Correspondería a sus antepasados restaurarla y recuperar el nombre de los Médici, pero eso está aún por llegar.

Incluso el matrimonio de Lorenzo antes de la muerte de Piero fue visto con ojos políticos. Su noble e influyente madre viajó a Roma para hacer una encuesta entre las jóvenes elegibles de las clases altas para encontrar una esposa para su hijo mayor. Ella y Lorenzo se decantaron por Clarice Orsini, hija de una antigua familia noble romana que reivindicaba su ascendencia desde los tiempos del Imperio romano.

Ilustración 16: Lorenzo de' Médici por Bronzino

Este movimiento fue casi puramente político, y aunque Lorenzo acabó amando a su esposa, también tenía fama de amar a otras mujeres. Aun así, el matrimonio unió a los Médici con una importante familia romana y añadió brillo al nombre de los Médici. No todos los florentinos estaban contentos con este matrimonio por varias razones. Entre las clases bajas y medias, Lorenzo era una figura popular, casi de la misma manera que lo es hoy un soltero de Hollywood, y querían verlo casado con una florentina. Las clases alta y media-alta se molestaron porque ninguna de sus hijas fue considerada para el «puesto» de esposa de Lorenzo. Sin embargo, Lucrecia y Lorenzo sabían que si habían elegido entre las familias florentinas, los malos sentimientos, el faccionalismo y las conspiraciones seguirían invariablemente.

Existe otra razón interesante por la que muchos florentinos de la época creían que la elección era mala. Clarisa era romana, y la nobleza romana de la que procedía era conocida por su mojigatería, su estricta religiosidad y su aire de esnobismo, cosas que la mayoría de los florentinos se enorgullecían de no ser. En realidad, a medida que la influencia de Florencia crecía bajo el mandato de Lorenzo (e incluso antes), muchos italianos más conservadores consideraban la ciudad como una especie de «Las Vegas» renacentista, una «ciudad del pecado» en el siglo XV.

Lorenzo tenía una manera de calmar los sentimientos de los florentinos: organizar una fiesta, o mejor dicho, un torneo y una fiesta antes de la boda propiamente dicha. El hecho de que tanta gente escribiera relatos del torneo y pintara escenas del mismo a lo largo de los años significa que debió ser una gran fiesta. El propio Lorenzo vistió los colores de la familia florentina de su madre sobre su armadura y ganó el torneo de justas (no letal). Este torneo, acompañado de bailes, bebidas, comidas, música y juegos, se prolongó durante tres días completos. Luigi Pulgi, famoso diplomático florentino, escritor y amigo de los Médici, escribió un poema en honor del evento (que combinaba el latín, que entonces estaba en desuso, y el italiano, que estaba ganando popularidad). También escribió una biografía de Lorenzo más adelante. Según los rumores, Lorenzo ayudó a Pulgi en la elaboración del poema, ya que el propio Lorenzo era todo un poeta; cientos de sus poemas, bastante hábiles, sobreviven hoy en los museos y bibliotecas de Florencia.

El hermano menor de Lorenzo en cuatro años, Giuliano, podría haber sido incluso más popular que su hermano mayor, al menos entre las damas y los «playboys» de la Florencia renacentista. Mientras que Lorenzo tenía una expresión adusta y probablemente era miope, Giuliano era, según todos los indicios, el epítome del joven apuesto del Renacimiento. Siempre iba bien vestido con los trajes brillantes y extravagantes de los ricos, y tenía el pelo rizado hasta los hombros y un rostro italiano clásico y apuesto.

Ilustración 17: Giuliano en una obra de Botticelli

En 1475 se celebró un torneo similar en honor a Giuliano en una de las grandes plazas de Florencia. Fue allí donde Giuliano, al parecer, realizó tales hazañas a caballo que el famoso poeta Politian escribió un poema épico en su honor, «La justa de Giuliano de' Médici», cuya portada se ve a continuación. El acontecimiento y el poema, que se tomaron libertades extremas y crearon un viaje mítico para el caballero errante Giuliano, inspiraron a Botticelli para crear quizás sus tres obras más grandes: *El nacimiento de Venus* (vista arriba), *Marte y Venus*, y *La primavera*.

Ilustración 18: La primavera *de Botticelli. Este cuadro, al igual que el* Nacimiento de Venus, *suscitó cierta controversia por sus detalles paganos y su desnudez parcial o total*

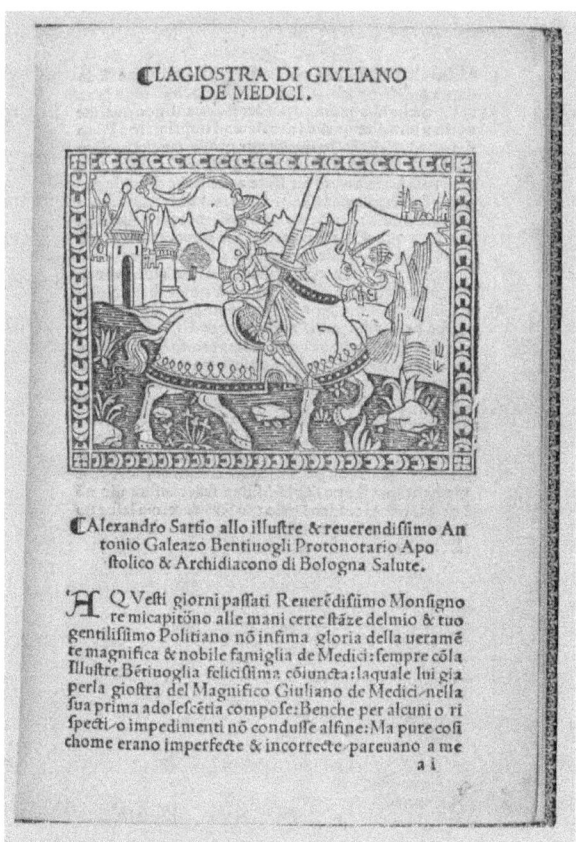

Ilustración 19: «La justa de Giuliano»

En apariencia, todo parecía ir de maravilla para Lorenzo y Giuliano, a pesar de que la prometida de este último murió antes de la boda prevista. A unos ciento cincuenta kilómetros de distancia, en Roma, comenzó un complot contra los Médici.

En 1471, dos años después de que Lorenzo tomara el relevo de su padre, se eligió un nuevo papa en Roma. Francesco della Rovere había ascendido desde unos medios modestos hasta la posición más alta de la Iglesia católica a la edad de cincuenta y cuatro años y tomó el nombre de Sixto IV. Como papa, Sixto fue el hombre responsable de iniciar la construcción de la Capilla Sixtina, y ordenó la organización de todos los papeles e historias del Vaticano en un archivo formal, que todavía hoy es el depósito de todos los documentos de la Iglesia. Todo eso está bien, pero Sixto también fue responsable de ordenar el inicio de la infame Inquisición española, que se cobró la vida de entre 30.000 y 300.000 personas por acusaciones de herejía contra la doctrina de la Iglesia u otros supuestos delitos religiosos (la mayoría sitúa la cifra entre 50.000 y 100.000). Sixto también era conocido por su descarado nepotismo y por favorecer las causas de su ahora elevada familia extendida por encima de cualquier otra persona, sin importar lo cualificada que estuviera.

La hermana de Sixto tenía tres hijos, a los que el papa complacía sin pudor. Uno de ellos, Girolamo Riario, quería algo en particular: gobernar Florencia. Esto entraba en los otros planes de Sixto, ya que quería expandir las tierras de la Iglesia hacia el norte de Roma, en tierras al norte de Florencia que estaban aliadas, fuertemente influenciadas o directamente controladas por los florentinos (y, por tanto, por los Médici).

El papa no tuvo ningún reparo en urdir un complot contra los Médici con su sobrino (y seamos sinceros, la mayoría de los papas, incluso a día de hoy, tienen cosas que desean que no se hagan públicas), pero para ello necesitaba ayuda dentro de Florencia. Sabía por su clero en la ciudad que la familia Pazzi, que era una de las más antiguas y todavía una de las más importantes de Florencia (uno de sus antepasados había sido el segundo al mando de Godofredo de Bouillon, que había tomado Jerusalén en la Primera Cruzada) estaba conspirando contra él. La tensión entre las familias era evidente, pero Piero el Gotoso había casado a su hija Bianca con un miembro de la familia Pazzi, ya que ambas familias se dieron cuenta de que la paz era mejor para los negocios que la guerra. Sin embargo, con el ascenso de Lorenzo y Giuliano, junto con su popularidad y su evidente deseo de gobernar, las tensiones se mantuvieron. En Florencia, no era raro que pandillas de jóvenes que apoyaban a las dos familias se enfrentaran en las calles.

Los conspiradores fueron muy cuidadosos con sus planes. No bastaba con matar a los dos principales Médici; también tenían que asegurar Florencia y las ciudades y pueblos incluidos en la República Florentina, lo que hicieron con miembros armados de la familia y aliados, así como con guardias armados en su nómina. Además del papa, Girolamo Riario, y la familia Pazzi, otro conspirador era el arzobispo de Pisa, Francesco Salviati, que había sido descartado para el cargo de arzobispo de Florencia cuando Lorenzo dio la negativa a su nombramiento y el visto bueno al de cuñado, Rinaldo Orsini (es difícil imaginar que el dinero y los favores no cambiaron de manos). Para complicar aún más las cosas, el joven Raffaele Riario, de dieciséis años, que acababa de ser elegido cardenal, debía llegar a Pisa para comenzar sus estudios universitarios. El joven cardenal iría acompañado por el arzobispo Salviati, y pasarían por Florencia de camino a Pisa.

La diplomacia y las buenas relaciones exigían una gran bienvenida para un arzobispo y cardenal visitante de la Iglesia católica, por muy joven e inexperto que fuera. Esto significaría que la mayoría de las familias importantes, o al menos sus líderes, serían invitados, incluido Jacopo de' Pazzi, el jefe de la familia Pazzi. En este banquete, que se celebró el Sábado Santo, el 25 de abril de 1478, los conspiradores planearon envenenar a los hermanos Médici y luego llenar ellos mismos el vacío de poder.

Desgraciadamente para los conspiradores, Giuliano de' Médici estaba enfermo, por lo que no asistió al banquete, lo que les obligó a cancelar su plan e idear uno nuevo. Al día siguiente era Pascua, y sabían que, a menos que Giuliano estuviera en su lecho de muerte, se uniría a su hermano y al resto del séquito de los Médici en el corto pero atestado viaje a la cercana catedral de Santa María del Fiore. Hoy se la conoce como la Catedral de Florencia o el Duomo, y era el orgullo de la familia Médici y de Florencia.

El nuevo plan consistía en que en algún momento del Domingo de Pascua, cuando la multitud se agolpara en las calles, plazas e iglesias de Florencia, los conspiradores atacaran a los dos hermanos. El primer golpe llegó cuando Lorenzo y Giuliano estaban arrodillados en oración frente a su propio banco. Los atacantes se abalanzaron sobre Giuliano y lo apuñalaron mortalmente en el cráneo con una daga, luego perdieron la cabeza en un frenesí y apuñalaron su cuerpo sin vida y su cabeza otras diecinueve veces.

El atacante de Lorenzo le acuchilló la garganta y apenas le rozó la piel. Lorenzo, que, al igual que su desafortunado hermano, había sido entrenado en las artes marciales, saltó hacia adelante, desenfundó su espada y, junto con sus amigos y su guardaespaldas, rechazó a los atacantes y retrocedió hacia el Altar Mayor de la catedral. Pasaron y se dirigieron a la sacristía de la izquierda (la sacristía es donde se guardan los ornamentos del clero y otros objetos sagrados) y se atrincheraron.

Ilustración 20: La sacristía en la que se refugió Lorenzo tras el atentado. El aspecto actual es muy parecido al de entonces

Los conspiradores habían cometido graves errores. El primero fue perder a Lorenzo. El segundo fue matar a Giuliano de una manera tan salvaje. El tercero y más atroz fue intentar asesinar a alguien en una catedral en la más sagrada de las fiestas cristianas, en un momento de absoluta devoción religiosa. En poco tiempo, se corrió la voz por toda Florencia sobre lo ocurrido en el Duomo. Pronto se formó una turba que comenzó a perseguir a los asesinos, que se dirigían a la plaza principal de Florencia, la Piazza della Signoria.

La justicia no tardó en encontrar a los conspiradores. El gonfaloniero de Justicia, un hombre llamado Petruzzi, no sabía lo que había pasado, pero cuando el arzobispo llegó con un grupo de hombres, sus gestos y su comportamiento no eran en absoluto normales. Petruzzi llevó al arzobispo al Palazzo Vecchio, ocultando sus sospechas. Una vez que los tuvo dentro, llegó la noticia de lo sucedido. En muy poco tiempo, todos los hombres que rodeaban al arzobispo Salviati fueron asesinados, y el arzobispo fue colgado y arrojado por las murallas de la torre del Palazzo.

Mientras tanto, otras ochenta personas, conspiradores y miembros de la familia Pazzi y su entorno, fueron asesinados en las calles. El líder de la familia, Jacopo de' Pazzi, escapó a un pueblo cercano, pero incluso entonces, las noticias de este calibre viajaron rápidamente. Los aldeanos lo arrastraron de vuelta a Florencia al conocer la noticia de la violencia. Jacopo fue pronto asesinado en la Piazza della Signoria. La justicia de Lorenzo fue rápida, y el pueblo de Florencia, enfadado no solo por la idea de que su muy querido líder y su popular hermano fueran atacados, sino también por el método, el lugar y el momento del ataque, le apoyó. La mayor parte de la familia Pazzi fue asesinada ese día o en los días siguientes. A algunos se les concedió el exilio, para no volver nunca a Florencia. La hermana de Lorenzo, casada con uno de los Pazzi, y su hijo también fueron enviados al exilio.

El hijo ilegítimo de Giuliano, Giulio, y su madre fueron acogidos en la familia de Lorenzo, y el niño fue criado como su hijo. Con el tiempo, llegaría a cotas que nadie podía prever en aquella época: se convertiría en el papa Clemente VII. Para Lorenzo y los Médici, sin embargo, los tiempos estaban cambiando. El asesinato marcó el fin de los banquetes y las justas, y Lorenzo, que empezaba a envejecer prematuramente, pasaría el resto de su corta vida asegurándose de que sus descendientes ocuparan posiciones de poder casi inexpugnables.

Ilustración 21: Uno de los hombres de la multitud era un tal Leonardo da Vinci, que dibujó a uno de los conspiradores siendo colgado de la Signoria

Antes de hablar de los cambios masivos en Florencia que empezaban a filtrarse hacia el final de la vida de Lorenzo, debemos recordar que fue durante su vida (y la de sus antepasados Giovanni, Cosme y Piero) cuando los Médici se hicieron poco a poco con el control de la vida política de Florencia y desempeñaron un papel en la política y los negocios internacionales de la época. También dieron forma a la cultura de Florencia alentando y encargando obras de arte a algunos de los principales artistas de la época, cambiando la forma de ver el mundo.

Dos de las obras más famosas del Renacimiento fueron creadas en Florencia, donde aún residen. En prácticamente cualquier fotografía tomada de toda la ciudad desde las colinas que la rodean, lo primero que se observa es el mencionado Duomo, la primera cúpula sin soporte desde la época de los antiguos romanos. Brunelleschi (1377-1446) recibió el encargo de Cosme de Médici de crear la cúpula de la Catedral de Santa María del Fiore. Cosme invirtió millones en la realización del proyecto.

Brunelleschi ya se había hecho un nombre antes de que Cosme le pidiera que completara la cúpula de la catedral. Si usted es estudiante de historia del arte, probablemente conozca su nombre. Si no lo es, debería, ya que fue Filippo Brunelleschi quien desarrolló el primer método de utilización de la perspectiva en la pintura. Giotto (1267-1337), uno de los considerados precursores de la pintura renacentista, se acercó al uso de la perspectiva realista, pero incluso sus cuadros son planos, utilizando el tamaño y la altura para subrayar la importancia y la distancia, como se ve a continuación en su *Lamentación sobre Cristo muerto* (c.1304/5).

Los bocetos que Brunelleschi realizó para sus proyectos arquitectónicos y escultóricos le permitieron ilustrar su visión con claridad a sus mecenas, como Cosme para el Hospital de los Inocentes de los Médici, la Basílica de Santo Spirito («Basílica del Santo Espíritu») y la Iglesia de Santa Maria degli Angeli («Santa María de los Ángeles»), entre otras muchas. También le ayudó a ver todo el plano exactamente como iba a quedar antes de empezar la construcción o la escultura.

Brunelleschi y su cúpula tenían dos problemas. En primer lugar, según todos los indicios, Brunelleschi era un genio. Él también lo sabía y se lo hacía saber a todo el mundo. En más de una ocasión fue expulsado físicamente de la casa de un mecenas por haber insultado su gusto o sus ideas. Sin embargo, Cosme parecía haber encontrado a su par en Brunelleschi, o tal vez un par opuesto, ya que mientras Cosme era generalmente tranquilo, Brunelleschi era emotivo y animado.

El segundo problema era un problema florentino. La catedral de Florencia estaba incompleta. Había comenzado en 1296. Entre la guerra, la peste, la muerte de Giotto (que estuvo entre los muchos que trabajaron en ella durante un tiempo), y muchas otras cosas, la catedral tardó ochenta y cuatro años en construirse. Y eso sin contar con la cúpula prevista, que nadie sabía cómo construir de forma económicamente viable y estructuralmente fiable.

Una catedral incompleta en una ciudad medieval o renacentista era un gran problema, especialmente en una ciudad con pretensiones como Florencia. En la Europa medieval, la catedral era la obra maestra de la ciudad, su orgullo, por lo que una catedral incompleta era, en muchos sentidos, una humillación. La catedral de Florencia permaneció incompleta desde 1380 hasta 1436, que fue cuando Brunelleschi y los cientos de trabajadores y animales terminaron por fin su trabajo.

La cúpula de Brunelleschi habría utilizado más madera de la que había disponible en toda la Toscana, y su peso habría hecho que se derrumbara sobre sí misma. El arquitecto decidió construirla de ladrillo, que se apoyaría en círculos concéntricos de yeso aún más pequeños, así como en piedras entrelazadas, ladrillos y algo de madera. En la actualidad, es la mayor cúpula de ladrillo del mundo y fue la primera sin soporte (es decir, con vigas que la sostienen desde el interior de la cúpula) desde la época romana. La maquinaria para subir los materiales a cientos de metros de altura también era una obra de tecnología asombrosa, y Brunelleschi además tenía minicocinas que izaban la comida y la bebida en andamios a sus trabajadores para que no tuvieran que tardar horas en llegar abajo y volver a subir, desperdiciando la luz del día y la eficiencia.

Ilustración 22: El interior de la cúpula en la actualidad, con pinturas de Vasari (1511-1572)

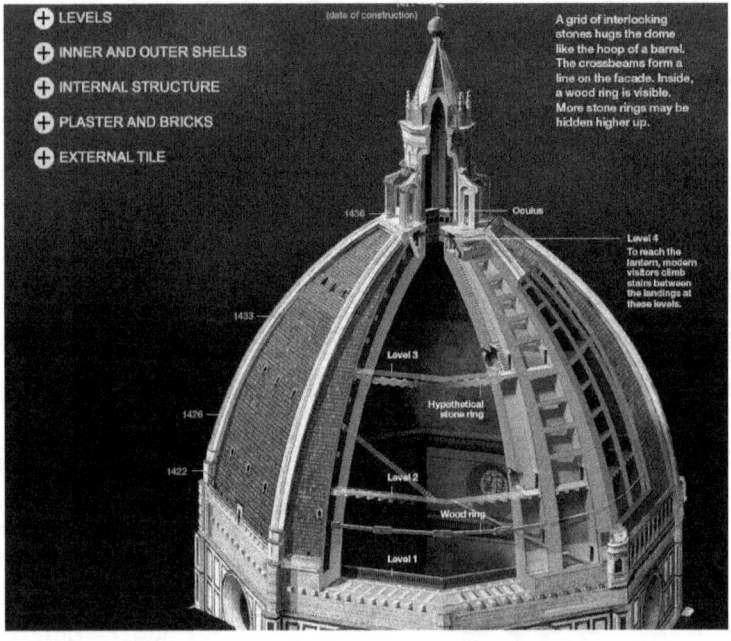

Ilustración 23: La construcción del Duomo por Brunelleschi

Junto con el Duomo, a continuación se muestra el otro verdadero hito de Florencia. Este es el tamaño real de la estatua, y se encuentra dentro de la Galleria dell'Accademia de Florencia. (La otra, una copia, se encuentra en la posición original pero peligrosa de la estatua fuera del Palazzo della Vecchio)

Ilustración 24: David de Miguel Ángel

Miguel Ángel Buonarroti (1475-1564) está considerado como uno de los mejores artistas de todos los tiempos, si no el más grande, y quizá el mundo no hubiera oído hablar de él si no fuera por la familia Médici, concretamente por Lorenzo, que acogió al joven Miguel Ángel. Vivió en la casa de los Médici durante algún tiempo como adolescente y fue inscrito en la famosa Academia Platónica que Cosme había iniciado en Florencia para difundir las ideas filosóficas, políticas y artísticas de la antigua Grecia y Roma.

Se ha escrito sobre Miguel Ángel, su vida y sus obras desde quizás incluso antes de su muerte a mediados del siglo XVI, y es un personaje secundario en nuestra historia, pero al reconocer el genio de Miguel Ángel, debemos reconocer también el genio de quienes vieron por primera vez su talento y le permitieron florecer: los Médici. Miguel Ángel y un miembro de la familia Médici tuvieron un famoso enfrentamiento, esta vez en Roma, cuando Miguel Ángel trabajaba en las que quizá sean sus obras más famosas, el techo de la Capilla Sixtina y su *Juicio Final*.

No hay que olvidar que el taller de Leonardo da Vinci fue, durante años, localizado y financiado parcialmente por los Médici, principalmente por Lorenzo. Lorenzo desempeñó un papel fundamental a la hora de conseguir el encargo de Leonardo para el duque de Milán, que produjo la increíblemente famosa *Última Cena*.

Diplomacia

Cuando Lorenzo venció a los conspiradores Pazzi, su poder en Florencia y en la campiña circundante era inexpugnable, al menos desde dentro. Incluso las familias y las personas que se habían alineado contra él vieron el intento de asesinato como un asalto totalmente inaceptable a la soberanía florentina. Peor aún fue el momento y el lugar del atentado. A pesar de la reputación de Florencia como una especie de Las Vegas renacentista y un centro de aprendizaje de la filosofía precristiana, la ciudad era profundamente religiosa. El baño de sangre del Domingo de Pascua en la catedral ofendió a muchos y les hizo unirse, al menos durante un tiempo, a Lorenzo el Magnífico y su familia.

Las sospechas de que los conspiradores habían recibido la bendición del papa Sixto IV para su plan no ayudaron, al menos a los enemigos de Florencia y de los Médici en el Vaticano. A pesar de la condena del intento por parte de la Iglesia, así como del momento y el escenario del plan, muchos pensaron que el papa iba a continuar su campaña para ganar tierras para la Iglesia en los alrededores de Florencia.

Su primera pista fue la excomunión inmediata de Lorenzo, gonfaloniero de Justicia Petruzzi, y los magistrados (funcionarios legales) de la ciudad. El diccionario Webster define la excomunión como «una censura eclesiástica que priva a una persona de los derechos de pertenencia a la Iglesia» y «la exclusión de la comunión en un grupo o comunidad» (en este caso, la Iglesia católica y todos los católicos).

Hoy en día, la excomunión se utiliza raramente, pues su significado e importancia han disminuido con el tiempo. Una de esas razones fue la división de la cristiandad de Europa occidental y central en dos sectas principales: El catolicismo y el protestantismo. Si un cristiano era excomulgado de la Iglesia católica, lo más probable es que encontrara su camino en otra comunidad de cristianos con creencias similares. Sin embargo, en el momento de la excomunión de Lorenzo, el catolicismo era la doctrina religiosa en Italia y Europa occidental. No había otro lugar al que acudir.

Y lo que es más importante, la Iglesia católica (entonces como ahora) exigía la recepción de ciertos sacramentos (como el bautismo y la extremaunción) y la práctica de la confesión (junto con la penitencia y el perdón de los pecados por parte de un clérigo) y muchas otras cosas. Sin ellos, la gran mayoría de los católicos del Renacimiento y la mayoría de los de hoy creen que no podrán pasar la eternidad en la presencia de Dios. Eso solo deja una alternativa: el juicio y la condenación.

La excomunión también tuvo un profundo efecto social. Aquellos que eran excomulgados eran condenados al ostracismo; a ningún católico se le permitía interactuar con ese individuo. Por supuesto, esto no le ocurrió a Lorenzo y a los demás en 1478. La mayoría de los florentinos se unieron al liderazgo de los Médici por ira, lealtad, amor y probablemente una pequeña pizca de sabiduría económica. Sería difícil dar la espalda a uno de los hombres más ricos del mundo, y mucho menos en una ciudad que él dirigía.

Sin embargo, el papa Sixto no se detuvo allí; prohibió que se celebrara cualquier servicio religioso en Florencia. Eso significaba que cualquier florentino que quisiera practicar su religión se vería obligado a abandonar la ciudad y sus posesiones circundantes, lo que suponía peligrosos viajes de días o más en tiempos de guerra.

Además de la excomunión, el Vaticano tenía otras herramientas a su disposición. Ya ha leído que los papas de la época tenían verdaderas fuerzas armadas (incluyendo, durante un tiempo, una marina). Aparte de esto, el Vaticano tenía acceso a cantidades prácticamente inagotables de dinero con las que contratar mercenarios y atraer a posibles aliados. El papa también tenía el poder de nombrar al emperador del Sacro Imperio Romano Germánico (y, por lo tanto, otorgar el dominio de gran parte de Europa en un grado u otro, al menos en teoría) y de conceder favores (por ejemplo, hacer cardenal a un hijo ilegítimo, etc.).

En este caso, el papa consolidó su ya existente alianza con Fernando I de Nápoles, que era militarmente el hombre más fuerte de Italia. Sixto y Fernando pretendían conquistar y repartirse toda la Toscana (la región en la que se encuentra Florencia) entre ellos, así como posiblemente más del norte de Italia en el futuro.

Ilustración 25: El reino de Nápoles en 1454. Aunque grandes, las partes central y meridional de Italia, entonces como ahora, eran más pobres que sus vecinos del norte

Fernando envió emisarios a la Signoria florentina, exigiendo que entregaran a Lorenzo al papa para que respondiera por el crimen de ejecutar al arzobispo. Lorenzo aconsejó a los miembros de la Signoria que aceptaran; sabía que los ejércitos de Florencia no podrían resistir a Fernando y al papa durante mucho tiempo. Los aliados que Florencia pudiera tener normalmente no estaban dispuestos a ayudarles en este caso, aunque lo desearan. Ir directamente contra el papa suponía un riesgo mucho mayor que cualquier recompensa que pudiera llegarles, pero los propios florentinos respondieron que, pasara lo que pasara, nunca entregarían a Lorenzo a Fernando.

Así que, en 1479, comenzó una guerra, y no fue a favor de Florencia. El heredero de la corona de Nápoles, Alfonso, derrotó a la principal fuerza florentina y llevó a cabo una campaña de terror y destrucción en el campo. Asaltar la propia Florencia era una tarea mucho más difícil y probablemente contraproducente, ya que gran parte de la riqueza física de la ciudad sería probablemente destruida.

A lo largo del año, los florentinos resistieron, pero las dificultades no tardaron en llegar. A pesar de sus protestas en contra, Lorenzo sabía que, finalmente, la combinación de impuestos más altos para financiar el ejército (incluyendo la contratación de mercenarios) y el riesgo de la ciudad y de las vidas por un solo hombre, haría que los florentinos entregaran a Lorenzo a sus enemigos.

A finales de 1479, Lorenzo sorprendió a Florencia y a sus enemigos, por no hablar de toda Europa tras la difusión de la noticia, con un acto de inusual valentía. Viajó solo a ver a Fernando a través de una galera desde Pisa a Nápoles. Sin guardia, ni armas, ni acompañantes. Fue una hazaña audaz, de hecho, ya que la ciudad de Lorenzo estaba en guerra con este hombre, un hombre que acababa de asesinar a un famoso conde en su corte después de invitarlo allí como amigo. No solo eso, sino que la excomunión significaba que, al menos en teoría, cualquier «buen» católico podría capturar a Lorenzo y convertirlo en papa, probablemente a cambio de una gran recompensa. Lorenzo estaría a merced de hombres que no dudarían en matarlo. Tal vez lo habrían quemado en la hoguera después de torturarlo.

Afortunadamente para Lorenzo y Florencia, eso no sucedió. Cuando llegó a Nápoles, pidió que le llevaran ante Fernando, quien admiró el valor mostrado por el florentino y le invitó a parlamentar. Inteligentemente, Lorenzo admitió que Florencia se estaba debilitando, pero que su resistencia continuaría si era necesario, ilustrando claramente lo costosa que sería la guerra no solo para

Florencia, sino también para él. Lorenzo el Magnífico (el apodo se generalizó después de este episodio) señaló que sabía que la otra guerra de Fernando con el Imperio otomano no iba bien y que el rey corría el riesgo de arruinarse y de perder sus posesiones en Dalmacia (la región de la costa de Croacia frente a Italia a través del Adriático) a manos de los turcos. Lorenzo también sembró la semilla de la duda en la mente de Fernando sobre las intenciones del papa Sixto IV, convenciendo finalmente al rey de que el papa deseaba ver el norte de Italia dividido para reforzar sus propias pretensiones allí. Lorenzo le dijo que si eso ocurría, el papa estaría en una posición más fuerte para renovar su reclamo como soberano de Nápoles y obligar a Fernando a convertirse en vasallo del papa. Peor aún, los turcos otomanos podrían cruzar el Adriático y conquistar una Italia dividida. La mejor situación para ambos, señaló Lorenzo, era hacer la paz, y sin decirlo explícitamente, Lorenzo sabía que tendría que pagar a Fernando una gran cantidad de dinero para hacerlo.

Lorenzo fue mantenido como prisionero durante tres meses mientras Fernando reflexionaba sobre la situación y observaba el desarrollo de los acontecimientos tanto en Italia como contra los turcos. Por suerte para Lorenzo, su confinamiento fue diplomático, y fue tratado como un invitado de honor, cenando con el rey y sus ministros y haciendo amigos entre ellos con su ingenio, conocimiento, buenos modales y actitud aparentemente alegre. Esto debió de ser difícil de mantener; durante las primeras semanas de su confinamiento, seguía llegando a Nápoles la noticia del continuo éxito de Alfonso contra los florentinos. Estas noticias se vieron agravadas por las incesantes exigencias del papa para que Fernando le entregara a Lorenzo. Una victoria napolitana sobre Florencia significaba probablemente el fin de la independencia de esa ciudad y quizás el fin de la Casa de Médici. Si Lorenzo era entregado al papa, pues «la hoguera» le esperaba.

Ilustración 26: Acusados de herejía siendo quemados en la hoguera durante el último período del Renacimiento (Cortesía del Archivo Bettmann)

Según cuentan, la nueva amistad de Lorenzo con el ministro de Estado del rey, así como el respeto que Fernando se ganó por Lorenzo a lo largo de su encierro y la lógica de sus argumentos, hicieron que el rey de Nápoles firmara un tratado de paz con Lorenzo. Regaló a Lorenzo un preciado semental y le envió de vuelta a casa en una galera real. Cuando llegó a Florencia, la ciudad le dio una increíble bienvenida llena de desfiles, cenas y entretenimientos de todo tipo.

Naturalmente, el papa Sixto se indignó y amenazó con continuar la guerra contra Florencia por su cuenta, pero al final, la decisión del papa fue asumida por los turcos, que desembarcaron una fuerza considerable en la península italiana en 1480 y amenazaron con destruir Roma. En ese momento, Sixto vio «milagrosamente» la conveniencia de hacer la paz con Lorenzo. «El Magnífico» mandó enviados al Vaticano. Allí se inclinaron en señal de sumisión ante el papa, quien hizo la paz con los florentinos y revocó la excomunión de sus dirigentes. El precio de la paz para Florencia fue equipar quince galeras para que la armada del papa combatiera y rechazara a los turcos, lo que se hizo poco después.

La Edad de Oro

En 1480, cuando terminó la guerra con Nápoles, Lorenzo tenía treinta y un años. Le quedaban doce años de vida. Aunque murió siendo un hombre relativamente joven, incluso para aquella época, llevó una de las vidas más plenas que se puedan imaginar. El propio Lorenzo escribió más de mil poemas, muchos de los cuales se consideran algunos de los ejemplos más excelentes de la literatura renacentista. Su corte estaba siempre llena, no solo de familiares y amigos, sino también de visitantes de prácticamente todos los rincones del mundo conocido. Y venían a Florencia no solo para ver la ciudad, sino también para reunirse con su «magnífico» líder. Florencia estaba llena de filósofos, políticos, artistas y músicos. Era la versión renacentista de París a mediados del siglo XVII y de Nueva York en la década de 1920, pero no iba a durar mucho más.

Aunque el exitoso enfoque diplomático de Lorenzo funcionó, ese éxito tuvo un gran precio: indemnizaciones y sobornos pagados a Fernando y a la iglesia, una serie de préstamos incobrables muy grandes, y gastos increíbles en mecenazgo, proyectos cívicos y muchas otras cosas. Lorenzo también era consciente de que los hombres de los Médici, a excepción de Cosme el Grande, no vivían mucho tiempo. Ya estaba aquejado de gota, como su padre, y el estrés de su posición le estaba envejeciendo claramente. Parecía diez años más viejo de lo que era, y su cabello estaba encaneciendo rápidamente.

Otra fuente de estrés y de gastos era la preocupación de Lorenzo por el futuro de la familia Médici. Su segundo hijo, Giovanni, fue nombrado cardenal tres años antes de la muerte de Lorenzo, en 1489, a la edad de catorce años (de nuevo, un hecho no poco común en la época), pero esto y la colocación del hijo de su hermano, Giulio, en el clero costaron cantidades exorbitantes de dinero en sobornos y regalos para aquellos que podían hacer que las cosas sucedieran, lo que incluía al papa. Al final de su vida, Lorenzo había gastado, sobornado y prestado el Banco de los Médici, la fuente de la riqueza de la familia, dejándolo en una situación peligrosa. En el último año de su vida, la familiar visión de comerciantes, agricultores y otros que llevaban «regalos» a las oficinas de los Médici en busca de una reunión con Lorenzo para pedir un favor llegó a su fin. La gente era rechazada, y eso no solo significaba el fin de una era, sino también el cambio, la ira y la debilidad.

Savonarola, la muerte de Lorenzo y la primera caída de los Médici

La historia parece funcionar con un péndulo o estar atrapada en un círculo interminable de acción, reacción y contra reacción. En Florencia, durante el último año de la vida de Lorenzo, una parte importante de la población florentina se estaba cansando del gobierno de los Médici. Hasta aquí, nuestra descripción del gobierno de Lorenzo en Florencia era una «era de buenos sentimientos» renacentista, pero nadie gobierna solo por su encanto y sus riquezas, por muy carismático que sea. Gobernar, especialmente durante la época del Renacimiento, era sumamente peligroso, como hemos visto. Además, una vez que se tiene el poder, es muy difícil abandonarlo; por eso el general romano Cincinato, que podría haber sido el dictador de la primitiva República romana, se alejó del poder. Fue idolatrado nada menos que por George Washington, y ambos son considerados iconos virtuosos por haber renunciado al poder cuando podían haber tenido el poder completo de por vida.

Para mantener el poder, especialmente durante el Renacimiento, un hombre tenía que ser despiadado. Aunque los informes contemporáneos señalan que Lorenzo no empleó asesinos como muchos otros líderes italianos de la época (puede que esto no sea del todo exacto), ciertamente utilizó la intimidación, la fuerza real, y la guerra económica y legal para mantenerse en el poder. Naturalmente, esto generó resentimiento y enemigos.

Sin embargo, curiosamente, a pesar de todas las familias nobles y ricas de Florencia que querían suplantar a Lorenzo y su familia, los Médici fueron sustituidos durante un tiempo por un monje franciscano llamado Girolamo Savonarola. También se le conoce como Fra Girolamo (por la forma abreviada de la palabra italiana para «hermano», *fratello*) o simplemente Savonarola (como se le llama más a menudo).

Ilustración 27: Savonarola por el maestro italiano y hermano monje Fra Bartolomeo, c. 1489

Savonarola nació en 1452 en Ferrara, a unas setenta y cinco millas al noreste de Florencia, en el seno de una familia adinerada y académicamente dotada. El abuelo de Savonarola era médico, y era conocido por reprender a los personajes elevados a los que servía por perseguir el romance en lugar de una vida más ascética y saludable combinada con la práctica religiosa. Sin embargo, su talento, empuje e inteligencia eran profundos, y la familia consiguió hacerse relativamente rica en poco tiempo. El padre de Savonarola, Niccolo, era de talento medio, pero su madre era impulsiva, y fomentó el aprendizaje y la educación de sus siete hijos, de los cuales el futuro monje era el tercero.

De niño y adolescente, Savonarola parece haber estado mucho más interesado en el funcionamiento de la mente que en el del cuerpo. Se escondía para aprender, no las enseñanzas de los «nuevos» pensadores del Renacimiento y sus opiniones sobre el pensamiento de los antiguos filósofos, como Sócrates y Platón, sino las de tiempos más recientes. Para él, las enseñanzas religiosas y espirituales de San Agustín y Santo Tomás de Aquino tenían más valor.

Girolamo asistió a la Universidad de Bolonia, que era la verdadera universidad más antigua de Europa, fundada en 1088. Piense en ello por un momento. Harvard, la universidad más antigua de Estados Unidos, se fundó en 1636, 548 años después de la institución de Bolonia, que aún funciona. En Bolonia, procedió a distanciarse del resto de los estudiantes, que, al igual que los estudiantes de 548 años después, estaban interesados no solo en los estudios académicos, sino también en los mundanos.

Se conservan algunas de sus numerosas cartas a casa. En una de ellas, es fácil ver que Savonarola no era muy diferente de los estudiantes que se encuentran fuera de su elemento cuando salen al mundo. «Para ser considerado un hombre aquí, tenéis que ensuciar vuestra boca con las más sucias, brutales y tremendas blasfemias... si estudiáis la filosofía y las buenas artes sois considerados unos soñadores, si vivís casta y modestamente, unos tontos; si sois piadosos, unos hipócritas; si creéis en Dios, unos imbéciles». Como se puede observar, Savonarola en el año 1400 suena muy parecido a muchos de los reaccionarios que le seguirían hasta nuestros días.

En 1474, Savonarola fue testigo de un famoso monje de la época que dio un encendido sermón en Ferrara. Muchos de los habitantes de la ciudad se vieron repentinamente arrastrados por el espíritu del fervor religioso y el arrepentimiento, y comenzaron una hoguera, en la que arrojaron joyas, naipes (entonces una cosa relativamente nueva), trajes de fiesta y otras frivolidades. Evidentemente, esto causó una gran impresión en el joven, ya que no mucho tiempo después dejó su casa e ingresó en un monasterio dominicano en contra de los deseos de sus padres. Al principio, escribió a su casa, pidiendo amablemente perdón, pero cuando le respondieron pidiéndole que diera la espalda al monasterio y se convirtiera en el médico que deseaban que fuera, les respondió de la manera en que pronto se haría famoso en toda Europa. «Ciegos —escribió—, ¿por qué seguís llorando y lamentándoos? Me impedís, aunque deberíais alegraros... ¿qué puedo decir si aún os lamentáis, sino que sois mis enemigos y enemigos de la Virtud? Si es así, os digo: "¡Atrás de mí, todos los que hacéis el mal!"». El escrito es mesiánico hasta el punto de citar a Cristo.

Durante seis años, Savonarola rindió culto y trabajó en el monasterio de Ferrara. Durante ese tiempo, no pidió hacer más que las tareas más humildes y «denigrantes», como limpiar cubos de basura, con la vana esperanza de aprender la humildad. Su habilidad como orador fue reconocida por los monjes mayores de allí, y Savonarola fue enviado a Florencia, que era, en ese momento, el reconocido «antro de iniquidad», al menos para los religiosos italianos. Sin embargo, en poco tiempo, el monje había aburrido con su estilo pedagógico a los florentinos que acudían a la iglesia de San Lorenzo. Así que se le encomendó un nuevo trabajo: enseñar a nuevos monjes.

Durante los siguientes cinco años, Savonarola enseñó a los nuevos hermanos y vivió en una pequeña celda, en la que se dedicó a lo que él consideraba una «guerra espiritual» contra Satanás y sus secuaces. En aquella época, y hasta principios del siglo XX en algunos monasterios de Europa, la flagelación era un método popular tanto para purgarse de los malos pensamientos como para demostrar su devoción. Fray Girolamo se flagelaba con frecuencia para expulsar lo que creía que era el mal que llevaba dentro.

También comenzó a adherirse a las enseñanzas del monje italiano de finales del siglo XII y principios del XIII, Joaquín de Flora, un maestro popular que creía que el juicio final de Dios estaba próximo y determinó que se avecinaba una nueva era de Dios. Para preparar al pueblo para ella, prescribió una vida estricta y piadosa. Joaquín de Flora llegó a ser influyente en toda Europa, y se fundaron órdenes monásticas basadas en sus enseñanzas, pero al final, muchas de sus enseñanzas fueron condenadas como heréticas. Como Joaquín vivió en la época anterior a la Inquisición, se le permitió vivir. Sin embargo, en la época del Renacimiento, las personas que exponían pensamientos heréticos, especialmente después de que se les dijera que no lo hicieran, podían encontrarse muy fácilmente en un montón de ramas empapadas de alquitrán.

¿Por qué pasamos de hablar de los Médici a Savonarola? Sencillo: a pesar de todas las conspiraciones, intentos de asesinato y maniobras políticas de los enemigos de los Médici dentro y fuera de Florencia, fue un simple monje ferrarés quien puso fin al gobierno de los Médici en Florencia, al menos durante un tiempo.

En 1490, Lorenzo de' Médici se había convertido en una de las personas más queridas de Europa. Su ingenio, conocimientos y hospitalidad eran legendarios. Utilizó su posición y su estima para negociar acuerdos diplomáticos y financieros en toda Europa occidental. Sus contribuciones a la vida cívica de Florencia perduran hoy en día, más de quinientos años después.

Por supuesto, uno puede ser amado y odiado al mismo tiempo. Como hemos visto en los atentados contra Cosme, Piero el Gotoso y Lorenzo (y su hermano), mucha gente dentro y fuera de Florencia envidiaba y odiaba a los Médici, y quería sustituirlos. Además, un buen porcentaje de los florentinos quería que se restaurara la república y que se pudiera elegir quién dirigía la ciudad.

Ya se han mencionado los enormes gastos de Lorenzo, algunos por necesidad, otros por elección. Para complicar las cosas, el mismo negocio que lanzó la Médici —la fabricación y el comercio de lana— se enfrentaba a problemas económicos. Los fabricantes de lana y lino de Inglaterra y el norte de Europa crecían y se expandían a costa de Florencia, lo que reducía los beneficios de los Médici y los ingresos de muchos florentinos. En realidad, en los últimos años del gobierno de Lorenzo, Florencia experimentaba una depresión económica.

Los florentinos también sabían que los que estaban en la cima de la escala económica y social utilizaban el soborno y otras formas de corrupción para avanzar en sus agendas y frustrar las de sus enemigos. Esto también podía incluir al propio «pueblo»; los ricos temían mortalmente otra revuelta como la de los ciompi años antes. Entre los de arriba se encontraban no solo los Médici y otras familias ricas, sino también muchos de los clérigos de Florencia y del Vaticano. En 1490, solo faltaban veintisiete años para la Reforma protestante, y ya se percibían sus rumores. La esperaban y se estaban cansando de ella. Fray Girolamo Savonarola estaba dispuesto a hacer algo al respecto.

En 1490, Savonarola comenzó a predicar de nuevo, salvo que esta vez no utilizó el púlpito como una especie de atril desde el que «enseñar» a su audiencia. Al igual que los demagogos anteriores y posteriores, Savonarola aprendió que es más fácil apelar a las emociones de la gente que al intelecto y mucho más fácil llegar a lo negativo de las personas que a lo positivo. Se puso en el papel de un profeta del Antiguo Testamento. En lugar de predicar el amor que propugnaba Jesús, comenzó a condenar no solo el estilo de vida de muchos florentinos, sino también la propia ciudad como una versión moderna (para entonces) de Sodoma y Gomorra. El principal objetivo eran los ricos, especialmente Lorenzo de' Médici.

En la jerga actual, llamaríamos a Savonarola un «fundamentalista militante». Aunque la siguiente comparación es un poco incómoda debido a las diferencias de sus respectivas religiones, la mejor manera de que los lectores del siglo XXI (especialmente los mayores de cincuenta años) se imaginen a Savonarola es como un «Ayatolá Jomeini del Renacimiento» (el fundamentalista islámico que lideró la Revolución Iraní de 1978/79): de aspecto severo, sin alegría y decidido.

Savonarola condenó a Florencia como una ciudad que había sido «descristianizada». Creía que la única forma de salvarla, tanto en este mundo como en el siguiente, era derrocar el orden existente y sustituirlo por una teocracia, con él mismo a la cabeza.

Durante casi tres años, Savonarola predicó contra el «pecado» de Florencia y la corrupción de sus dirigentes, y su objetivo número uno fue siempre Lorenzo. Según cuentan, Lorenzo nunca respondió públicamente a ninguno de los ataques lanzados contra él por Savonarola. Con el paso del tiempo, la influencia de Savonarola crecía, especialmente entre los pobres de la ciudad, y Lorenzo probablemente sabía que cualquier ataque contra el monje probablemente llevaría a una revuelta de un tipo u otro, dadas las dificultades económicas que existían hacia el final de su vida.

En marzo de 1492, Lorenzo, que se encontraba cada vez más enfermo, se hizo llevar a su casa en la villa de Careggi, a las afueras de la ciudad. Le acompañaban el filósofo Pico della Mirandola y el poeta y erudito Politian, ambos amigos desde hacía mucho tiempo y que a menudo consolaban a Lorenzo en los momentos difíciles.

A petición de Lorenzo, Savonarola se reunió con él y sus amigos. Escuchó la confesión de Lorenzo en su lecho de muerte y dio al líder de los Médici la absolución y la extremaunción. Politian incluyó el evento en sus memorias posteriores. Según la leyenda, Savonarola pidió a Lorenzo que emitiera un decreto en su lecho de muerte que devolviera a Florencia a una república, a lo que este se negó. Con esa negativa, se dice que Savonarola negó a Lorenzo la extremaunción y la absolución, lo que, según la creencia católica de la época, condenaría a Lorenzo el Magnífico al infierno.

Esta escena se mantuvo durante siglos, y es probable que los detractores de Savonarola la plantearan posteriormente, ya que Politian no menciona el episodio en sus memorias, aunque registra la muerte de Lorenzo con mucho detalle. Sin embargo, es posible que haya ocurrido algo entre ellos, pues sabemos que Lorenzo de' Médici pasó los últimos días de su corta pero gloriosa vida con un miedo absoluto a la muerte. Finalmente falleció el 8 de abril de 1492, a la edad de cuarenta y tres años.

Ilustración 28: La máscara mortuoria de Lorenzo en el Palacio Pitti, Florencia, hoy

A la muerte de Lorenzo, su hijo mayor Piero (conocido como «el Desafortunado») se hizo cargo de la Casa de Médici y de Florencia. Piero fue desafortunado en muchas cosas, dos de las cuales no fueron responsabilidad suya: la popularidad de su padre (y la gloriosa sombra que proyectó tanto en vida como en muerte) y su esposa, Alfonsina Orsini. Ella fue elegida y negociada por el tío de Piero, Bernardo, y era una prima lejana por parte de su madre.

Como te dirán muchos hijos de padres famosos, a menudo es difícil que nos juzguen por nuestros propios méritos o por la falta de ellos: siempre nos comparan con nuestros mayores famosos. Y en este caso, el padre de Piero era uno de los hombres más poderosos e influyentes de toda la época del Renacimiento. Piero estaba obligado a quedarse corto.

La esposa de Piero era otro problema. Al igual que la madre de Piero, ella era de fuera de Florencia, lo que ya era un mal comienzo. Según cuentan, también era tosca y desagradable en una época en la que los modales cortesanos eran muy apreciados. Más adelante en su vida, pondría en peligro el lugar de toda la familia Médici con su comportamiento y sus malos modales, y ayudaría a su hijo, Lorenzo II, a gobernar. Y aunque apoyó causas a favor de los pobres, también ayudó a mantener la solvencia de su problemático cuñado, el controvertido papa León X.

Dos años después de la muerte de Lorenzo, Piero se encontró con un desafío para el que no estaba preparado. El rey de Francia, Carlos VIII, tenía planes de atacar y apoderarse del reino de Nápoles, que creía que le pertenecía por derecho. Para llevar sus ejércitos hasta allí, Carlos necesitaba pasar por territorio florentino. Piero se negó a concederle el permiso, temiendo que, una vez en la ciudad, los franceses no se fueran nunca. Fue un error de cálculo, ya que Carlos no tenía planes para Florencia, pero la negativa de Piero a permitir el paso de su ejército no dejó otra opción al rey francés. En el otoño de 1494, su ejército había tomado una fortaleza florentina periférica y amenazaba con marchar hacia la propia Florencia. Piero se dirigió a Carlos con una oferta que esperaba que llevara al rey francés alrededor del territorio florentino, no a través de él.

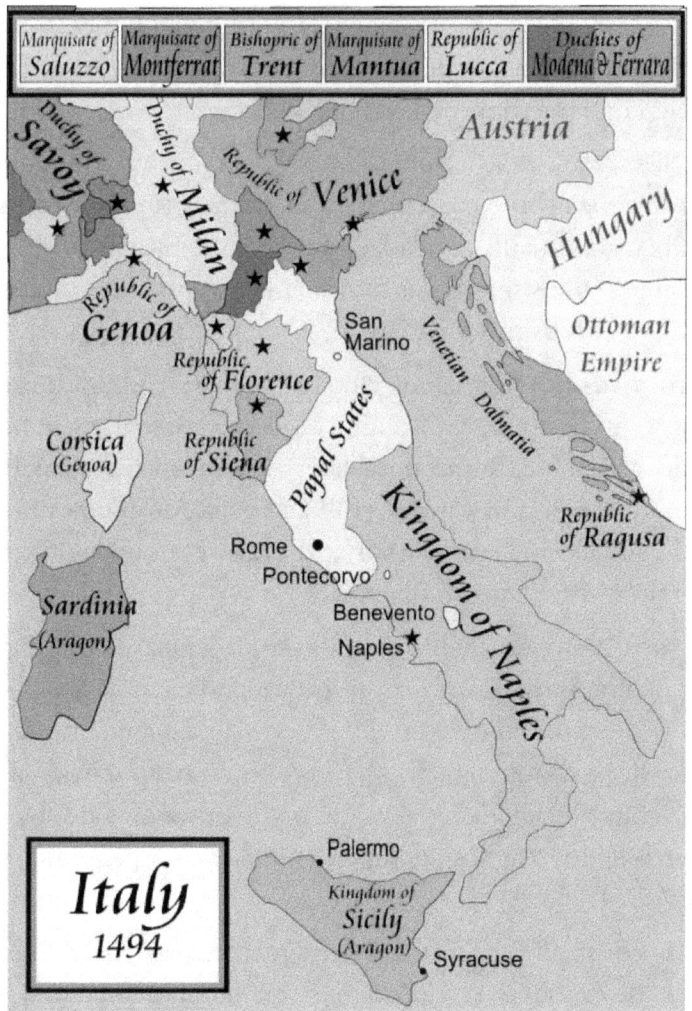

Carlos aceptó públicamente que no ocuparía Florencia, pero se negó a llevar sus tropas alrededor de la ciudad. Además, insistió en tomar las posesiones florentinas de Pisa y el importante puerto de Livorno, así como una serie de fortalezas que conducían a la propia Florencia.

Si Piero había previsto una gran acogida por mantener Florencia en paz y desocupada, se llevó una gran decepción. Prácticamente todo el mundo en la ciudad, desde los campesinos hasta los miembros del gobierno de la ciudad, pensaban que estaba a un paso de ser un traidor. Al no luchar, Florencia había perdido su honor, y esto se vio agravado por la posición de desamparo en la que Piero había puesto a la ciudad con la pérdida de las fortalezas.

La Signoria y prácticamente todas las ramas del gobierno de la ciudad se rebelaron contra Piero y su «rama primaria» de la familia, que había gobernado la ciudad durante setenta años. También el campesinado y los miembros de la rama «secundaria» de los Médici, dirigida por dos primos de Piero.

Piero y sus dos hermanos clérigos se vieron obligados a huir de Florencia. Su hermano Giovanni, entonces cardenal, ya se había visto obligado a huir de Roma por haber votado en contra del eventual ganador de la elección papal de 1492, el papa Alejandro VI (conocido antes de su elección como Rodrigo Borgia, esa otra (in)digna familia renacentista, esta vez española).

Los tres hermanos habían huido de Florencia y eran seguidos de cerca por una turba. Empacaron lo que pudieron llevar en cuanto a dinero y joyas, y se dirigieron a una serie de alojamientos temporales en Italia durante los siguientes cinco años. En Florencia, la Signoria incautó grandes cantidades de dinero y propiedades de los Médici y del Banco de los Médici, además de poner recompensa de cuatro mil florines de oro por la cabeza de Piero.

Piero consiguió reclutar ejércitos mercenarios para tres intentos distintos de retomar la ciudad para su familia, pero todos fueron miserables fracasos. Al final, se dirigió a su antiguo enemigo, Carlos VIII de Francia, y le ofreció toda la ayuda posible en el intento de Carlos de apoderarse del reino de Nápoles a cambio de la ayuda francesa para recuperar Florencia. Como se mencionó, el apodo de Piero era «el Desafortunado». Mientras transportaba artillería para Carlos, el barco de Piero se hundió, y nunca se le volvió a ver.

Sus dos hermanos eclesiásticos, Giovanni y Giuliano, viajaron por el noroeste de Europa, estableciéndose durante un tiempo en Francia, los Países Bajos y diversos estados alemanes.

¿Qué pasó con Savonarola? Tras la caída de los Médici, Carlos VIII marchó con sus tropas a Florencia, donde fue recibido por Savonarola como un libertador, aunque Carlos impuso duras condiciones a Florencia (una enorme penalización financiera y más de sus tierras, fortalezas y pueblos). Apaciguado, Carlos marchó hacia el sur, manteniendo su promesa de no ocupar ni anexionar la propia Florencia. Al hacer esto, la historia florentina dio un extraño giro.

Casi inmediatamente, las familias florentinas comenzaron a enfrentarse entre sí. Parece que no era tanto el hecho de que los Médici gobernaran Florencia, sino que no lo hicieran. En el caos de la Florencia posterior a los Médici, Savonarola, con el apoyo de un público cada vez más radicalizado contra la élite y más fanáticamente religioso, tomó el poder en sus manos.

Durante los siguientes cinco años, Savonarola y dos de sus compañeros monjes gobernaron Florencia en todo menos en el nombre. Con su gobierno, muchos en Florencia comenzaron a adoptar un estilo de vida más ascético y monacal. Algunos regalaron todo su dinero y riqueza. Otros cambiaron su forma de vestir, pasando del colorido y la extravagancia típicos de los florentinos durante siglos a la solemnidad de los negros, blancos y grises. Se escondieron las joyas, se tiraron o se donaron. Bandas de autoproclamados policías de la moral recorrían la ciudad, reprendiendo a las mujeres por vestir de forma inmodesta y buscando a quienes no habían entendido el mensaje de Savonarola y seguían arriesgando su alma (y la de la ciudad) con el juego y la mujer.

El acontecimiento más infame de los cinco años de reinado de Savonarola fue la llamada «Hoguera de las Vanidades», de la que tomó su nombre la famosa novela de Tom Wolfe de 1987. El 7 de febrero de 1497, Savonarola comenzó a predicar y a animar a los ciudadanos de Florencia a denunciar sus posesiones mundanas y a quemarlas en la Piazza della Signoria. Cientos de personas, desde ricos a pobres, crearon una gigantesca hoguera, que ardió hasta altas horas de la mañana siguiente. En ella había joyas, ropas, pelucas, cartas, oro, instrumentos musicales, novelas y otra literatura popular e imágenes consideradas «no cristianas». Durante años corrió el rumor que incluso el propio Botticelli se vio envuelto en el fervor y quemó varios de sus cuadros que representaban escenarios míticos romanos o griegos, pero nunca se ha demostrado de forma concluyente.

Sin embargo, como tantos autoritarios antes y después de él, Savonarola se dejó llevar. El poder y la influencia seculares que tenía, combinados con su implacable crítica a la corrupción y la hipocresía que veía en la Iglesia católica y el papado, le granjearon enemigos en las altas esferas. Muy altas esferas.

A finales de 1497, el Vaticano envió una delegación a la ciudad y exigió que le entregaran a Savonarola. Tras unos meses de deliberaciones y maniobras, la Signoria se volvió contra Savonarola, que cada día se ganaba más enemigos dentro y fuera de Florencia con su gobierno cada vez más severo y personal. En abril de 1498, los florentinos arrestaron a Savonarola y a sus dos cómplices, los hermanos Domenico Buonvicini y Silvestro Maruffi, y los sometieron a tortura. Poco después, una delegación papal regresó a Florencia y celebró un breve juicio. Savonarola confesó haber inventado sus visiones y profecías de la fatalidad. Los tres fueron primero excomulgados y luego colgados en la misma plaza donde habían quemado las posesiones de los florentinos. A continuación se les prendió fuego.

Ilustración 29: Detalle de una pintura del siglo XVI de Savonarola y los monjes siendo quemados en Florencia (Artista desconocido)

Capítulo 5 - El primer papa Médici

Con la desaparición de los Médici y de Savonarola, Florencia volvió rápidamente a las luchas internas que había visto antes del ascenso de los Médici. Una vez más, como había ocurrido un siglo antes, las familias de Florencia se dieron cuenta de que, a pesar de todos sus deseos individuales de gobernar o dominar la ciudad, lo mejor era detener las luchas, y volver a los negocios y a una cierta apariencia de normalidad.

Para ello, los florentinos volvieron a un sistema similar al que describimos al principio de este libro: nombraron a un gonfaloniero vitalicio, que actuaría como el antiguo podestá, como un hombre externo e imparcial. En este caso, se trataba de un hombre llamado Piero Soderini, que presidió el desvanecimiento de la influencia de Florencia hasta 1512, cuando los Médici regresaron tras dieciocho años de exilio.

En ese tiempo, Giovanni y Giuliano se habían reconciliado con el papa Alejandro VI y se alojaron principalmente en Roma. Durante todo ese tiempo, Giovanni presionó tanto a Alejandro VI (que murió en 1503) como a Julio II (que asumió la corona papal después de Alejandro) para que los Médici volvieran al poder en Florencia.

Argumentó que la estabilidad en Italia y una relación renovada y amistosa entre Florencia y la Iglesia católica dependían de que los Médici volvieran a casa. En 1512, Fernando II de España (que ahora gobernaba solo España y sus posesiones tras la muerte de Isabel) envió tropas en nombre del papa para tomar Florencia, y con ellas marchó el cardenal Giovanni de' Médici.

En Florencia, el gonfaloniero Soderini buscó el consejo de uno de sus asesores, un tal Nicolás Maquiavelo. Tal vez reconozca el nombre por su famosa obra *El Príncipe*, un manual para gobernantes que fue dedicado a Lorenzo II, el nieto de Lorenzo el Magnífico, para quien trabajaba como diplomático menor. Maquiavelo escribió la obra y la dedicatoria en 1513, en parte para volver a caer en gracia a los Médici cuando volvieran al poder.

Sin embargo, Maquiavelo recomendó no apoyar a sus antiguos empleadores y aconsejó a Soderini que contratara mercenarios para defender Florencia. Tendemos a pensar que Maquiavelo era una perfecta máquina de pensar en política, pero en este caso, estaba muy equivocado. Los mercenarios y Soderini huyeron ante la amenaza de los ejércitos español y papal. Cuando entraron en la ciudad a finales de agosto, tras un aterrador saqueo de una pequeña ciudad cercana, los Médici volvieron al poder. Por cierto, Maquiavelo se quedó. Negó haber conspirado contra los Médici, pero fue torturado y obligado a exiliarse, donde permaneció el resto de su vida.

La familia (Giovanni, Giuliano y su primo Giulio, junto con la viuda de Piero el Desafortunado, Alfonsina, y su hijo Lorenzo) se instaló de nuevo en su palacio, pero al poco tiempo, Giovanni volvió a Roma, cediendo el control de Florencia a su hermano Giuliano.

El motivo del regreso de Giovanni fue la enfermedad y la inminente muerte del papa Julio II, que se había convertido en papa en 1503. Julio murió el 21 de febrero de 1513. Entre los logros de Julio se encuentran la prevención de la dominación de Italia y, sobre todo, su patrocinio y amistad con Miguel Ángel. Bajo el mandato de

Julio, Miguel Ángel había pintado el mundialmente famoso techo de la Capilla Sixtina.

Cuando el Colegio Cardenalicio se reunió para su cónclave papal (la elección de un nuevo papa), eligió al cardenal Giovanni de' Médici, que tomó el nombre papal de León X. Giovanni fue elegido por encima de Raffaele Riario, a quien quizá recuerde por el complot contra Lorenzo el Magnífico. Giovanni, que era más joven que Riario, contaba con el apoyo de la mayoría de los cardenales más jóvenes y de los que procedían de familias nobles, lo que casi le aseguraba la victoria antes de que se celebrara la elección.

Como leyó antes, no era inusual que un muchacho en su adolescencia fuera colocado en el Colegio Cardenalicio. Parte de la razón era que, en aquella época, un cardenal no tenía que ser ordenado como sacerdote. De hecho, Giovanni ocupó el cargo manteniendo solo el rango clerical de diácono. Antes de que se le dieran «las llaves del reino», Giovanni fue ordenado primero como sacerdote e, inmediatamente después, consagrado como obispo, y luego nombrado papa. Fue el último hombre en ocupar el cargo de papa que no había sido primero sacerdote.

Ilustración 30: Retrato de León X realizado por Rafael, c. 1518-1520. (L) Giulio de' Médici, el futuro papa Clemente VII, y (r) el primo de los Médici, Luigi de' Rossi

Cuando Giovanni se convirtió en León X, no se hacía ilusiones sobre la naturaleza del papado a principios del siglo XVI. Aunque contaba con todos los atributos de la santidad y la fe católica, el cargo de papa era mucho más político y mundano que en la actualidad. León estaba decidido a utilizar su posición como representante de Cristo en la Tierra para aumentar el poder y la influencia de su familia, no solo en Florencia, sino también en Italia y Europa.

León llevaba tiempo maniobrando para conseguir el cargo, y cuando se le concedió la corona de San Pedro en 1513, ya había determinado vagamente el curso de acción que tomaría cuando tuviera el poder de hacerlo.

Cuando León se convirtió en papa, su sobrino, Lorenzo (de nombre completo Lorenzo di Piero de' Médici, pero más conocido como Lorenzo II), tenía el control absoluto de Florencia. El hermano menor de León, Giuliano, pasaría de Florencia a cosas más grandes y mejores, como el control de Italia central bajo el patrocinio de su hermano, el papa.

El infortunio desbarató los planes de León en dos ocasiones. Giuliano murió pronto, como muchos de los hombres de los Médici; solo tenía treinta y siete años. León decidió entonces que su sobrino Lorenzo sería la cara secular de la familia Médici, aunque había un problema con ello: Lorenzo II no tenía nada de la habilidad o el talento de su famoso antepasado, Lorenzo el Magnífico.

A pesar de la famosa dedicatoria de Maquiavelo en *El Príncipe* a él, Lorenzo no tenía ningún talento real para gobernar o dirigir. Llevó una vida de excesos y, lo que es más importante, condujo a la ciudad de Florencia, ya en decadencia (en cuanto a influencia), a una costosa guerra. Esta guerra, la guerra de Urbino, fue un intento tanto de Lorenzo II como de León de expandir la influencia de los Médici y de Florencia en el centro de Italia.

Lorenzo quería demostrar sus dotes marciales, de las que presumía pero con las que no tenía experiencia, anexionándose la ciudad de Urbino, situada a unas setenta millas al este de Florencia. Urbino estaba gobernada por Francesco Maria della Rovere, cuya poderosa familia también había engendrado un papa: el ya mencionado Sixto IV.

Le dará una idea de la naturaleza de la política y el poder en la Italia del Renacimiento saber que, mientras estaba en el exilio, el hermano del papa León, Giuliano (y su esposa e hijo, Lorenzo), se había refugiado durante algún tiempo con la familia Della Rovere en

Urbino, concretamente con el duque de Urbino, Francesco Maria, a quien el papa y Lorenzo II querían ahora hacer la guerra. Giuliano se lo había impedido, pero con la muerte de Giuliano, se abrió el camino para la conquista de Urbino por parte de los Médici, con la visión de crear un «imperio» de los Médici aún mayor en un futuro próximo.

El 30 de mayo de 1516, los ejércitos del papa marcharon sobre Urbino y expulsaron a della Rovere. Lorenzo fue nombrado duque de Urbino. En los meses siguientes, della Rovere contrató y utilizó un ejército de mercenarios de unos cinco mil hombres para intentar reconquistar su ciudad. En algún momento de la campaña, Lorenzo visitó por primera (y última) vez un campo de batalla. Recibió una herida en la cabeza, que le apartó del combate para el resto de su corta vida, a pesar de haber presumido de su habilidad guerrera de antemano.

Convertido en un hombre de prestigio, con tierras, un título y un tío como papa, en lugar de vivir como exiliado, Lorenzo II se casó con una familia noble francesa vinculada al rey francés Francisco I. El producto del matrimonio entre Lorenzo y Madeleine de La Tour d'Auvergne fue Catalina de' Médici (nacida en 1519), que fue una de las mujeres más poderosas de la historia de Francia. Por desgracia, Madeleine murió poco después de dar a luz. Lorenzo murió de tuberculosis seis días después. Finalmente, se llegó a un acuerdo con el papa León X en el que la familia Della Rovere volvería a gobernar Urbino como parte de los Estados Pontificios.

La guerra con Urbino les costó a León y a Florencia una importante cantidad de dinero, tanto en tesoros como en impuestos. El pueblo de Florencia, que no había quedado precisamente extasiado con el regreso de los Médici, empezó a odiarlos. Durante un breve periodo, Giulio Médici regresó a Florencia y consiguió restaurar algo de fe en el gobierno de los Médici bajando los impuestos, reestructurando los préstamos y devolviendo algo de poder republicano a la gente de la ciudad. Algunos años más tarde, como papa Clemente VII, Giulio volvería a ver cómo disminuían la fortuna y la popularidad de los Médici en Florencia. La familia volvería a ser exiliada de la ciudad, pero solo por un tiempo relativamente corto.

En 1529/30, la guerra entre la República de Florencia y Carlos V, el emperador de los Habsburgo (que también era rey de España y archiduque de Austria), y el papa Clemente VII (Giulio Médici) se saldó con una victoria de los Médici. En ese momento, se desvaneció toda pretensión de los Médici de restaurar plenamente la República de Florencia. Sin apenas interrupción, una u otra rama de la familia Médici gobernó la ciudad y/o toda la Toscana como duques de Toscana hasta 1737. Algunos de ellos, como Cosme I, que gobernó Florencia de 1537 a 1569 y luego la Toscana de 1569 a 1574, se hicieron un nombre en la escena política europea, y muchos de ellos continuaron la tradición de los Médici de ser mecenas de las artes. Sin embargo, la verdadera «Edad de Oro de Florencia» había pasado, y el poder tanto de Florencia como de Italia empezó a decaer lentamente en favor de entidades más grandes y unidas como España, Francia e Inglaterra.

Incluso cuando León X era el papa, se podía ver la menguante influencia de Florencia y el gobierno cada vez más autoritario de los Médici. Al estar León X al frente del papado, era uno de los hombres más poderosos e influyentes del planeta en aquella época.

Aunque el poder del papado había ido decayendo desde finales del siglo XIII y el fracaso de la Novena (y última) Cruzada, que se propuso reconquistar Tierra Santa para la cristiandad occidental (es decir, la Iglesia católica), el papa seguía siendo una figura inmensamente poderosa y rica. La Iglesia recaudaba impuestos en toda Europa, gran parte de los cuales llegaban al Vaticano. Esto significa que León X tenía acceso no solo a su riqueza personal y a la de los Médici, sino también a la de la Iglesia católica. Ese tipo de dinero puede comprar una persona con mucho poder.

Por supuesto, el solo hecho de ser el papa le daba a uno un poder extraordinario. En una época en la que la idea del derecho divino de los reyes (la noción de que cualquiera que se convirtiera en rey era de alguna manera bendecido por Dios y puesto en esa posición a través de la voluntad divina y, por lo tanto, debía ser obedecido) estaba realmente empezando a extenderse por toda Europa. El papa gozaba no solo de la idea del derecho divino, sino también de la idea de que el papa era el representante real de Cristo en la Tierra. Fue ungido en una cadena ininterrumpida desde el discípulo (y santo en la fe católica) Pedro, a quien Jesús dijo: «Y yo también te digo que tú eres Pedro, y sobre esta piedra edificaré mi iglesia, y las puertas del infierno no prevalecerán contra ella». (Mateo 16:18, versión King James. El nombre «Pedro» significa literalmente «roca») Ese linaje, comunicado por Dios a través de la elección del Colegio de Cardenales, significaba que el papa era infalible e incapaz de equivocarse, al menos en teoría.

Por supuesto, papas y reyes/emperadores habían estado luchando entre sí por el poder terrenal durante siglos antes de León X, y lo harían durante siglos después. Pero para la mayoría de la gente en Europa y muchos monarcas, el deseo del papa era su orden. Como hemos visto, el papa podía ejercer el máximo poder religioso, el de la excomunión: prohibir a alguien que recibiera los ritos sagrados (y, por tanto, enviarlo al infierno) y prohibir a cualquier católico que se asociara con él. En la época anterior a la Reforma protestante, esta era una amenaza que la mayoría de la gente se tomaba muy en serio. Los papas de esa época no solo ejercían un poder real en la Tierra en forma de ejércitos y de la Inquisición, sino que también tenían poder sobre el más allá de las personas.

Todos conocemos el dicho: «El poder absoluto corrompe absolutamente». Si alguien en 1513 tenía poder absoluto, era León X de la Casa de Médici. Aunque León era, como muchos de sus antepasados, un gran mecenas de las artes, también era un amante de las cosas buenas de la vida, sobre todo de la comida y la bebida, pero también de la caza, el juego y quizás de las relaciones homosexuales (la opinión académica está dividida al respecto). Sabemos que León celebraba banquetes y recepciones para sus partidarios e invitados internacionales en el Vaticano. Estos banquetes eran extremadamente lujosos y podían durar varios días. Está claro, al menos en el cuadro de Rafael que aparece arriba, que León disfrutaba de un buen banquete.

A pesar de esta extravagancia, uno de los problemas a los que se enfrentaba la iglesia era la disminución de los ingresos. Esto ocurría por varias razones.

Una de las razones eran los impuestos. En general, los pueblos de Europa occidental y central pagaban dos tipos de impuestos: uno a sus gobernantes seculares y a sus representantes y otro a la iglesia en forma de diezmos, donaciones e impuestos sobre la tierra. El dinero pagado a la iglesia era tanto voluntario como involuntario. La Iglesia católica de Francia, por ejemplo, era la mayor terrateniente del país, y aunque gran parte de esa tierra albergaba iglesias, catedrales, monasterios y conventos, una parte considerable se alquilaba a agricultores y nobles que tenían que pagar impuestos a la Iglesia además de sus rentas.

Luego, por supuesto, estaban las colectas que se realizaban en cada lugar de culto; antes de la Reforma, estas eran exclusivamente católicas. Desde la más pequeña iglesia de pueblo hasta la mayor catedral urbana, se celebraban (y se asistía a ellos) no solo los domingos y días festivos (y entonces se celebraban muchos más que ahora). Teniendo en cuenta el número de pequeñas iglesias en toda Europa occidental, la cantidad de dinero que entraba sumaba considerablemente. Los de abajo se veían presionados por sus compañeros y por el clero local para que dieran. En la cima, los nobles y las crecientes clases medias daban, a menudo de forma ostentosa, para mostrar su «reverencia» a la iglesia. Las oraciones por los muertos, las misas y otras celebraciones eclesiásticas también podían costar dinero.

Además, muchos arzobispos y cardenales también desempeñaban un papel secular, sobre todo en las tierras que hoy conforman Alemania y el antiguo Imperio austrohúngaro. Estados enteros eran gobernados por arzobispos, muchos de los cuales eran ricos tanto por su nacimiento como por sus cargos eclesiásticos.

Por supuesto, gran parte del dinero recaudado en las iglesias no debía llegar hasta el Vaticano. Había gastos locales, y arriba y abajo en la cadena económica, los clérigos católicos se llevaban «su parte». Cuanto más arriba en la cadena alimenticia estaba uno, más se llevaba, y, por supuesto, el papa estaba en la cima.

A León X le gustaba divertirse, como ya se ha mencionado. Como muchos papas antes que él, amaba las joyas y el oro. A León también le gustaban los animales exóticos, y tenía una colección de animales en el Vaticano, que incluía un elefante blanco. Gastó mucho dinero en coleccionar animales exóticos y también hizo que muchos le fueran «donados» por personas que buscaban favores.

Aunque León y el propio Vaticano recaudaban mucho dinero y otros objetos de valor en donaciones, rentas, sobornos y regalos, también gastaban mucho. Los vicios de León ya se han mencionado anteriormente, pero estos gastos también se produjeron en forma de financiación de guerras (tanto suyas como de sus aliados), sobornos diplomáticos, regalos a reyes y otros personajes importantes, la construcción de iglesias y las misiones a las Américas, que habían comenzado poco después de que Colón viajara al hemisferio occidental, así como las de Asia. Se construyeron colegios y universidades patrocinados y gestionados por la Iglesia en toda Europa y se expandieron por todo el mundo. La lista de gastos es interminable. Y no hay que olvidar el gran coste que suponía el funcionamiento del propio Vaticano, así como la creciente competencia por el dinero y el poder de los reyes y reinas seculares.

En resumen, la Iglesia católica de León estaba perdiendo dinero. No parece posible después de lo que acaba de leer, pero así era, y León tenía que hacer algo al respecto. Desafortunadamente para

León y la Iglesia católica, lo que hizo fue algo erróneo en el momento equivocado.

La «cosa errónea» fue la venta de indulgencias. Una indulgencia, una palabra cuya raíz latina *indulgeo* significa ser amable o tierno, originalmente significaba un favor, pero en el derecho romano, también llegó a significar el perdón de la deuda monetaria y/o los impuestos. También podía significar una liberación del cautiverio. Las indulgencias no fueron introducidas por León X; desde hace cientos de años se concedían a las personas por realizar determinadas obras buenas o por rezar un número específico de oraciones por una persona o una causa. En la doctrina católica, los creyentes cuyas vidas habían sido generalmente buenas y que habían mantenido su fe a pesar de haber caído en la tentación de ciertos pecados a veces, probablemente serían requeridos (por Dios) para pasar una cierta cantidad de tiempo en el purgatorio para eliminar aún más la mancha del pecado de sus almas antes de entrar en el Reino de los Cielos. La base de la creencia en el purgatorio tiene sus raíces en el Antiguo Testamento, concretamente en el Segundo Libro de los Macabeos. Buscando una forma de ganar mucho dinero rápidamente, el papa León X y sus consejeros dieron con un nuevo uso para las indulgencias y un nuevo método para emitirlas. Las indulgencias para la eliminación de los pecados se venderían para reducir la cantidad de tiempo que uno pasaba en el purgatorio. Las indulgencias oficiales del Vaticano serían enviadas a todo el clero y a las iglesias importantes para ser vendidas en toda la Europa católica. Los sacerdotes y monjes locales irían con un escribano vendiendo indulgencias para reducir el tiempo de uno en el purgatorio por unos días (que sería barato) o por años o tal vez siglos (que sería caro). Además, algunas de las indulgencias más caras concedían al receptor una entrada inmediata en el cielo.

Hay que recordar que esto ocurría en una época en la que la gran mayoría de los europeos eran pobres e incultos, pero las clases altas y medias también compraban indulgencias. Aunque la creencia en el papa como infalible y como verdadero representante de Cristo en la Tierra estaba empezando a desvanecerse, la mayoría de la gente en Europa todavía lo creía. E incluso si tenían dudas, ¿qué daño podía hacer «ir a lo seguro» y comprar una indulgencia?

En toda la Europa católica, los sacerdotes y monjes de León vendían sus indulgencias. Por supuesto, los verdaderos sacerdotes vendían indulgencias falsas y se embolsaban el dinero. Además, en toda Europa, los hombres se hicieron pasar por sacerdotes y monjes y se embolsaron la venta de sus propias indulgencias papales falsas.

Es dudoso que León creyera realmente en el poder de las indulgencias. No importaba mientras trajera dinero, y lo hizo, en gran cantidad.

Como se puede imaginar, esta corrupción no pasó desapercibida, incluso para aquellos que compraron indulgencias. La Iglesia ya contaba con varias formas de expiar los pecados, como la confesión y la penitencia. Algunos clérigos podían hacer exactamente lo mismo que los endebles trozos de papel que se vendían, aunque concedían indulgencias y no las vendían. Ahora que se vendían indulgencias, ¿a quiénes se les reducía el tiempo en el purgatorio y/o a quiénes se les enviaba directamente al cielo con más frecuencia que a otros? Los ricos. Por supuesto, esto generó más resentimiento.

Los sentimientos de amargura hacia la iglesia y sus funcionarios habían estado creciendo por algún tiempo. La opulencia del Vaticano y la vida fastuosa de sus funcionarios habían sido notadas y resentidas durante siglos en la época de León X. Los únicos clérigos que podían ser realmente respetados eran los sacerdotes de las pequeñas ciudades y pueblos, que muchas veces vivían en la más absoluta pobreza como sus feligreses.

Algunos sacerdotes de las grandes ciudades y la mayoría de los obispos, arzobispos y cardenales parecían amar demasiado la «buena vida». El celibato se exigía al clero, a los monjes y a las monjas desde el siglo X, pero rara vez se cumplía durante bastante tiempo. Antes, los hombres santos católicos podían casarse y tener hijos. Esta tradición murió con fuerza, y en la época de León, no era desconocido que un papa hubiera tenido hijos, que hubiera estado o estuviera (secretamente) casado, o que tuviera una o varias amantes; esto también se aplicaba a los obispos y arzobispos.

Algunas de las historias más salaces de la Edad Media y el Renacimiento tienen que ver con monjes y monjas. Al parecer, la homosexualidad era bastante común, pero en una época en la que la homosexualidad era tanto un pecado como una amenaza percibida para el bien público, a menudo se pasaba por alto cuando se trataba de la Iglesia católica. Naturalmente, la hipocresía de las actividades tanto heterosexuales como homosexuales en la iglesia generaba resentimiento entre el pueblo, al igual que las ricas casas, las túnicas, las joyas y los sirvientes de los altos cargos de la iglesia. Algunas de esas joyas, que habían permanecido en el Vaticano durante cientos de años, fueron vendidas por dinero en efectivo por el primo de León, Giulio, el futuro Clemente VII.

Ilustración 31: Rubíes, esmeraldas, perlas, diamantes y oro incrustan la mitra de un obispo polaco de principios del siglo XVII (Cortesía de academia.edu)

Antes de que se piense que todo el dinero obtenido por la venta de indulgencias fue a parar a los bolsillos del papa y de su círculo más cercano, hay que saber que «la gota que colmó el vaso» en lo que respecta a la tolerancia de mucha gente hacia la Iglesia fueron los gastos de León en la reconstrucción y remodelación del Vaticano y de una serie de colegios en Roma y sus alrededores. Sin embargo, mucho dinero llegó a los bolsillos «santos», y tal vez lo más importante fue la idea de que la iglesia permitía y alentaba a la gente a comprar su salida del pecado y su entrada al cielo.

Una de las personas que se molestó por los acontecimientos en la Iglesia católica fue un sacerdote y erudito alemán llamado Martín Lutero. Había sido ordenado en 1507 a la edad de veinticuatro años y había visitado Roma en 1510. En su visita, quedó impactado por la corrupción que presenció, no solo en la Ciudad Santa y sus alrededores, sino también dentro del clero.

Durante su estancia en la ciudad, Lutero se propuso subir la «Escalera Santa» *(Scala Sancta* en latín), que se decía que había sido traída de Jerusalén en el siglo IV. Se decía que eran las mismas escaleras que llevaban a la sala de Poncio Pilato y en las que Jesús se había parado mientras esperaba su juicio. En aquella época, la Iglesia decía a los creyentes que si uno subía y se detenía en cada una de los veintiocho peldaños y rezaba el Padre Nuestro, liberaría a alguien del purgatorio. Esto era una indulgencia, pero al menos uno tenía que realizar un acto de penitencia para ello. De cualquier manera, Lutero informó haber escuchado la voz de Dios una y otra vez mientras subía las escaleras diciéndole: «¡El justo vivirá por la fe!» La creencia fundamental del protestantismo es que el hombre será redimido por la fe y no por las buenas obras, y se deriva de este momento y de la Carta de Pablo a los Efesios 2:8-10 «Porque por gracia habéis sido salvados mediante la fe. Y esto no es obra vuestra; es un don de Dios, no un resultado de las obras, para que nadie pueda presumir».

En 1517, Lutero publicó lo que se conoce como sus *Noventa y cinco tesis* o *Disputa sobre el poder y la eficacia de las indulgencias*, en la que criticaba tanto la práctica de la venta de indulgencias, como las indulgencias en sí mismas, y la corrupción de quienes las vendían, lo que indirectamente significaba el papa.

Por supuesto, usted puede reconocer el comienzo de la Reforma protestante y la división de la cristiandad occidental en dos ramas principales. Con esta división se produjeron grandes cambios en la sociedad europea; fue una división no solo a lo largo de líneas religiosas, sino también a lo largo de líneas geográficas. La mayor parte del suroeste de Europa siguió siendo católica, y la mayor parte del noroeste se convirtió en un tipo de protestante u otro (el sistema de creencias de Lutero se dividió también en muchas sectas: Luteranos, presbiterianos, anglicanos/episcopales, calvinistas, etc.). Comenzaron guerras religiosas y persecuciones muy sangrientas, que continuaron hasta principios del siglo XIX.

Aunque, por supuesto, León X no fue el único responsable de la Reforma protestante, sus acciones pusieron finalmente en marcha el gran cambio, que modificó radicalmente el mundo y el curso de la historia.

León X murió en 1521, cuatro años después del inicio de la Reforma protestante, la cual había intentado sofocar sin éxito. Además de todos los gastos mencionados, las guerras de la primera Reforma costaron al papado lo que hoy equivaldría a decenas de millones de dólares o más. Esto obligó a los sucesores de León a frenar los gastos, lo que solo debilitó aún más al papado. El sucesor inmediato de León, su primo Giulio, fue expulsado del Vaticano durante algún tiempo por el ejército de Carlos, duque de Borbón, y el caballero alemán Georg von Frundsberg, cuyas tropas asaltaron la propia Roma mientras tenían prisionero al papa.

Ilustración 32: Ducado de oro vaticano de León X

Capítulo 6 - La última gran Médici: Catalina

Aunque los Médici siguieron gobernando en Florencia como duques de la Toscana y continuaron con su gran legado de mecenas de las artes, su influencia fue disminuyendo tanto en Europa como en Italia. En 1737, las grandes potencias de Europa decidieron resolver un sinfín de cuestiones políticas, una de las cuales era la entrega de Toscana y Florencia al rey Carlos III de España tras la muerte de Gian Gastone, el último duque de Toscana de los Médici. En ese momento, Toscana y Florencia se habían debilitado y empobrecido tanto, a pesar de la política económica de Gian Gastone, bastante bien acogida e ilustrada, que el duque ni siquiera fue consultado. A la muerte de Gian Gastone, Toscana y Florencia dejaron atrás a los Médici.

Sin embargo, dos siglos antes de que eso ocurriera, una mujer Médici se convirtió en el poder detrás del trono en Francia y presidió algunos de los cambios y acontecimientos más radicales en ese reino. Ya se la hemos presentado de pasada: Catalina de Médici, hija de Lorenzo II y Madeleine de La Tour d'Auvergne. Madeleine pertenecía a una poderosa familia aristocrática de la región de Auvernia, en el centro-sur de Francia.

Catalina nació en Florencia en 1519 durante el reinado de su tío, el papa Clemente VII. Como se ha leído, la fortuna de los Médici había dado un extraño giro, pasando de la banca y la fabricación de lana a ocupar el alto cargo de papa. Sin embargo, tuvieron que presidir las primeras etapas de la Reforma protestante y el increíble derramamiento de sangre que resultó de ella.

Catalina quedó huérfana a los seis días de edad, ya que su madre murió poco después del parto y su padre sucumbió a la tuberculosis. Fue criada principalmente en conventos bajo las instrucciones del cabeza de familia, su tío, el papa. Él tenía toda la intención de alejarla del poder. Al fin y al cabo, era la heredera de Lorenzo el Magnífico (recordemos que Clemente/Giulio era hijo de Giuliano, que había sido asesinado en la catedral de Florencia).

Afortunadamente para Catalina, la vida en un convento no era como uno se la imagina. Ni ella ni su familia la destinaron a la hermandad, y al igual que muchas niñas y jóvenes de clase alta de la época, recibió una completa educación renacentista. El hecho de pertenecer a una de las familias más prestigiosas de Europa también la ayudó a adquirir experiencia. No estaba confinada en el convento como una novicia, y asistía con frecuencia a cenas de estado y otras funciones, además de visitar los estudios de los principales artistas y los salones de muchos de los grandes pensadores de la época. Además, se crió tanto en Florencia como en Roma, lo que le proporcionó una amplia gama de experiencias y contactos.

Naturalmente, al ser una joven de una familia importante, el tío y los parientes de Catalina estaban pendientes de su futuro marido, que sin duda procedería de las altas esferas de la sociedad. Como además era francesa por su madre, su abanico de posibles pretendientes incluía a la nobleza francesa. En 1533, se casó con el segundo hijo del rey Francisco I de Francia, Enrique de Orleans (al que quizá conozca por la historia de Enrique VIII de Inglaterra, eran famosos rivales). Su boda fue presidida por el papa y asistió toda la familia real de Francia. Catalina tenía catorce años en el momento de su matrimonio, lo que no era inusual en aquella época y durante bastante tiempo después. En una época en la que la esperanza de vida era corta, se esperaba que una mujer (especialmente en una familia noble) formara una familia casi inmediatamente después de casarse: el reloj corría literalmente. También hay que recordar que, como esposa de un príncipe, se esperaba que se comportara como una adulta y que cargara con graves responsabilidades sobre sus hombros.

Su suegro, el rey de Francia, la amaba. Era guapa, muy inteligente, culta y alegre. Le gustaban la conversación, el baile y las artes, así como las habilidades «menos femeninas» de la caza y la equitación, en las que era muy hábil. A medida que su suegro se encariñaba más con ella, su marido lo hacía menos. Parece que Enrique estaba celoso de sus habilidades y del lugar que ocupaba en el corazón de su padre. Su relación no tardó en volverse tensa; seguía siendo cordial, pero no amorosa.

El hijo mayor de Francisco I (también llamado Francisco) murió en 1536 a la edad de dieciocho años, y se sospecha que murió envenenado. Evidentemente, su muerte fue prematura, y en aquella época, siempre que un miembro de la realeza moría a una edad temprana, se consideraba el envenenamiento. Sin embargo, durante su breve vida, el joven Francisco había pasado un tiempo como rehén en España debido a una disputa entre ese país y Francia. Su cautiverio fue duro, y pasó tres años en una celda fría y oscura, lo que muchos creen que le costó la salud; es posible que contrajera allí la tuberculosis. Sin embargo, su secretario personal, un italiano llamado Conde Montecúccol y que había sido colocado en el cargo a petición de Catalina de Médici, hizo que se registraran sus aposentos. Se descubrió un libro sobre venenos. Además, la propia Catalina era conocida por su interés por el veneno y también por el ocultismo, e inmediatamente muchos sospecharon que ella misma había asesinado al príncipe. Montecúccol fue torturado y confesó el asesinato, pero antes de su ejecución se retractó. Aun así, fue ejecutado por descuartizamiento, en el que la víctima es atada a cuatro caballos por los brazos y las piernas. Luego se les espolea para que corran, separando los brazos y las piernas de la víctima.

Francisco I nunca pareció dar crédito a la idea de que Catalina envenenara a su hijo. Siguió siendo su favorita, pero la sospecha se cernió sobre ella durante toda su vida. Desde entonces, diversos escritores, cronistas e historiadores de la medicina han llegado a la conclusión de que Francisco fue probablemente víctima de una pleuresía (el llenado de los pulmones con líquido debido a un corazón débil) o de tuberculosis.

Mientras tanto, otra mujer llamada Diana de Poitiers, veinte años mayor que el joven príncipe, había conquistado el corazón de Enrique e intentó convencer al rey de que le concediera el divorcio de «la italiana», como muchos llamaban a Catalina a sus espaldas. Afirmó que Catalina era estéril e incapaz de dar herederos. Francisco se negó y ordenó a su hijo que formara una familia. Catalina era muy fértil y tuvo diez hijos. Tres de ellos morirían en la infancia. Cuatro hijas se casarían con reyes, y sus tres hijos supervivientes se convertirían en reyes de Francia.

Cuando Francisco I murió en 1547, Enrique se convirtió en Enrique II, y la vida de Catalina se volvió difícil. La amante de Enrique fue trasladada a los aposentos reales por orden de este, y Catalina fue apartada y obligada a vivir recluida en el castillo de Chaumont durante doce largos años. Allí se dice que no solo desarrolló su intelecto, sino que también aprendió a ocultar sus verdaderos sentimientos e intenciones. Más adelante, los diplomáticos y otras personas que entraron en contacto con ella la describirían como poseedora de un «extraordinario autocontrol», aunque muchos de sus enemigos la acusaron de ser «masculina» y «fría como el hielo».

Durante los doce años de su reclusión, Catalina se concentró en la crianza de sus hijos y en informarse sobre los asuntos mundiales. En 1557, Francia estaba en guerra con el Ducado de Saboya en el norte de Italia, y la guerra no iba bien. Mientras su marido estaba fuera, el pánico se extendió por París. Catalina se dirigió al Parlamento (un órgano consultivo del rey con cierto poder económico) y les convenció para que recaudaran una gran suma de dinero para la defensa de París y Francia. Se dice que su llamamiento fue tan eficaz que hizo llorar a algunos de sus miembros por su patriotismo. Finalmente, Francia y Saboya negociaron una paz que no perjudicó a ninguno de los dos, ya que Francia había sido capaz de mantenerse tras el llamamiento de Catalina. A partir de ese momento, Enrique II trató a su esposa con renovado respeto.

Ilustración 33: Catalina de Médici en la década de 1550 (Cortesía de la Galería Uffizi, Florencia)

En 1558, Enrique II fue asesinado en un torneo. Una lanza penetró en su casco, se introdujo en su ojo y, tras diez días de dolor insoportable, el rey murió. Catalina enviudó a los cuarenta años, y su hijo Francisco se convirtió en Francisco II, rey de Francia, a la edad de catorce años. El duque de Guisa, que era tío de la famosa María, reina de Escocia (que también era la esposa negociada del joven rey), fue nombrado regente de Francisco. Esto solo hizo que Francia se adentrara más en las guerras religiosas que se desarrollaban en Europa y en el país. Sin embargo, Francisco II murió a finales de 1560; solo había sido rey de Francia durante diecisiete meses. Cuando falleció, su hermano menor Carlos, que solo tenía diez años, se convirtió en el rey Carlos IX. Catalina decidió asumir el poder de la regencia. Su primer acto fue poner fin a la guerra religiosa que se desarrollaba en Francia y que estaba desgarrando el país. También concedió a los hugonotes (protestantes franceses) el derecho a practicar su religión abiertamente y liberó a muchos de ellos de la cárcel. Por supuesto, sus enemigos la acusaron de ser protestante en secreto, lo que no era cierto. Y cuando se puso del lado de los católicos en las disputas, los protestantes la acusaron de ser una católica fanática. Esto significa probablemente que mantuvo un equilibrio entre ambos.

En 1562, la guerra abierta estalló de nuevo en Francia tras la publicación de un edicto real, que fue escrito por Catalina en nombre del rey. En él se reconocía formalmente la religión protestante. Esto fue demasiado para muchos, incluido el anteriormente derrocado duque de Guisa, que hizo prisioneros a Catalina y al rey. La guerra civil se extendió por todo el país y los ingleses, bajo el mando de la reina Isabel I, desembarcaron en dos ciudades costeras, aparentemente para ayudar a los protestantes.

En febrero de 1563, un caballero francés que se había convertido al protestantismo disparó y mató al duque de Guisa. Catalina, que no tuvo nada que ver con el asesinato, no se entristeció por ello y volvió a tomar el poder en sus manos. Reunió a las facciones enfrentadas y les impuso la paz. Al mismo tiempo, levantó un ejército personal, que marchó hacia la costa y derrotó (inesperadamente) a los ingleses, haciéndolos retroceder a través del canal de la Mancha.

Catalina era hábil, pero quizás nadie en el planeta en ese momento hubiera sido capaz de poner fin a la guerra en Francia entre católicos y hugonotes, que estalló de nuevo en guerra abierta en 1567. Otra paz fue negociada por Catalina. Muchos diplomáticos la consideraban una profesional absoluta en materia de diplomacia y relaciones exteriores, pero la paz solo duró hasta 1568, ya que otras naciones se involucraron en las guerras civiles religiosas internas de Francia.

Durante dos años, la guerra religiosa, extraordinariamente violenta y salvaje, continuó en Francia hasta que, una vez más, Catalina de Médici ideó una solución. Cuando su hijo Carlos se convirtió en rey, casó a su supuestamente impresionante hija Margarita con Enrique de Navarra (un reino semiindependiente en la frontera entre Francia y España). Esperaba que el matrimonio de su hija católica con el protestante Enrique sirviera de ejemplo de la paz que podía existir entre católicos y protestantes si se daba la oportunidad.

No fue así. En la mañana del 24 de agosto de 1572, los católicos radicales de París, siguiendo las instrucciones del duque de Guisa, iniciaron uno de los episodios más infames de la historia de Francia: la masacre del día de San Bartolomé. Ese día, quizás miles de hugonotes fueron masacrados en las calles de la capital. En los días posteriores, los protestantes empezaron a culpar a Catalina de la masacre, creyendo que había montado la boda para traer a la ciudad al mayor número de hugonotes partidarios de Enrique de Navarra. El duque de Guisa se apresuró a señalar también a Catalina, aunque fue él quien tuvo la culpa de los terribles acontecimientos.

Durante el resto de la vida de Catalina, intentó negociar la paz entre las dos facciones. En el Acuerdo de La Rochelle, ambos bandos acordaron deponer las armas y trabajar por una solución pacífica. Los protestantes, al ser la minoría del país, estaban preocupados por tener ciudades santuario donde fueran mayoría. Esta paz duró cinco años hasta que volvió a estallar el derramamiento de sangre.

Para entonces, Carlos IX había muerto, y el hijo menor y más favorecido de Catalina, ahora Enrique III de Francia, asumió el trono de Francia. Una de sus primeras acciones fue ordenar el asesinato del duque de Guisa en diciembre de 1588, ya que, a estas alturas, la familia Guisa no solo había trabajado contra la paz en el país, sino que también había intentado derrocar a la familia real y ponerse en su lugar.

Catalina recibió la noticia de su hijo mientras estaba en la cama. Tenía setenta años, aunque se sentía más vieja que sus años por sus esfuerzos. Creía que estaba a punto de morir, y así fue el 5 de enero de 1589. Era la última de la rama mayor (la de Cosme) de los Médici.

Francia continuó viendo la violencia religiosa de forma intermitente durante muchos años, hasta que el rey católico Luis XIV ordenó la expulsión o conversión forzosa de todos los protestantes franceses en 1685. En la actualidad, Francia es un país abrumadoramente católico, aunque la tolerancia hacia otras confesiones se ha convertido en uno de los pilares sobre los que se asienta su república.

Conclusión

Es apropiado que terminemos esta breve historia de la familia Médici con una nota alta. Aunque Catalina de Médici no consiguió reconciliar a los católicos y a los protestantes de Francia, condenando al país a otro siglo de luchas religiosas, sus intentos por lograr la paz fueron más que dignos de la reputación que sus antepasados Cosme el Grande y Lorenzo el Magnífico habían establecido en el siglo XIV.

Directa o indirectamente, los Médici influyeron en los acontecimientos de Europa y del mundo desde principios de 1400 hasta finales de 1500 y más allá. Muchos historiadores han llegado a la conclusión de que los Médici, junto con las grandes compañías comerciales venecianas de la época, ayudaron a sentar el precedente que condujo a la Compañía Inglesa de las Indias Orientales. Algunos han llegado a comparar a los Médici con la Mafia, ya que ambos repartían favores a sus familiares y aliados, formaban alianzas mediante favores o intimidación y se propulsaban a sí mismos a las filas de los ricos mediante el uso del mecenazgo artístico. La emisora pública estadounidense PBS (Public Broadcasting Service) lo deja claro desde el principio de su documental *Los Médici: Padrinos del Renacimiento*, y en muchos sentidos lo fueron.

Sin embargo, hoy en día, cuando la gente piensa en la familia Médici, piensa en su mecenazgo de las artes, que muy bien podría no tener parangón en la historia. Millones de turistas de todo el mundo (quince millones en 2019) acuden a la ciudad que los Médici construyeron para visitar la Galería de los Uffizi y el Museo Bargello, entre otras colecciones florentinas, para ver por sí mismos las hermosas obras que los Médici y otros patrocinaron durante el «Renacimiento».

Esperamos que haya disfrutado del relato de Captivating History sobre la familia Médici de Florencia. Con el paso del tiempo, esta familia increíblemente influyente ha comenzado a desvanecerse de la memoria colectiva, pero nunca debemos olvidar que detrás de la fabricación de dinero, las maquinaciones políticas y la violencia, los Médici fueron, en gran parte, responsables del increíble período de la historia de la humanidad que delineó la línea entre la Edad Media y el Renacimiento.

Vea más libros escritos por Captivating History

Bibliografía

Brucker, G. RENAISSANCE FLORENCE. University of California Press, 1983.

Burckhardt, J. THE CIVILIZATION OF THE RENAISSANCE IN ITALY. Simon & Schuster, 2013.

Cesati, F. THE MÉDICI: STORY OF A EUROPEAN DYNASTY. Mandragora, 1999.

"Cosimo De' Médici, Lord of Florence". The Medici Family. Consultado el 12 de agosto de 2021. https://www.themedicifamily.com/Cosimo-de-Medici.html.

Durant, W. THE RENAISSANCE: THE STORY OF CIVILIZATION. Simon & Schuster, 2011.

"Execution of Girolamo Savonarola | History today." History Today |. n.d. https://www.historytoday.com/archive/months-past/execution-girolamo-savonarola

"The Florentine army, c.1260-1325 by Guy Halsall". Index - Illustrations of Costume & Soldiers. n.d. https://warfare.gq/13/Florence.htm

"Guild Information Packet". Fermilab Science Education Office. Consultado el 9 de agosto de 2021. https://ed.fnal.gov/lincon/f97/projects/guildhall/guilds/guildinfo.html

"Guilded in Florence". The Florentine. Última modificación: 21 de marzo de 2007. https://www.theflorentine.net/2007/03/22/guilded-in-florence/.

"How the Médici Family's Influences Are Still Felt Today". Guide. Última modificación: 19 de abril de 2017. https://www.sbs.com.au/guide/article/2017/04/19/how-Médici-familys-influences-are-still-felt-today.

"John Hawkwood". Medieval Chronicles. n.d. https://www.medievalchronicles.com/medieval-knights/famous-medieval-knights/john-hawkwood/

"The Life and Reign of Catherine de Médici, Renaissance Queen". ThoughtCo. Consultado el 28 de agosto de 2021. https://www.thoughtco.com/catherine-de-Médici-biography-4155305

"Martin Luther's 95 Theses". Www.luther.de. Consultado el 28 de agosto de 2021. https://www.luther.de/en/95thesen.html

"Médici Tomb Slab". Figuring the Unfigurable. Última modificación: 14 de agosto de 2014. https://figuringtheunfigurable.wordpress.com/2014/08/05/Médici-tomb-slab/

"Pazzi conspiracy - Failed murder attempt on Lorenzo de Médici made him even more powerful and threw Renaissance Florence into chaos | Ancient pages". Ancient Pages. Última modificación: 28 de abril de 2021. https://www.ancientpages.com/2021/04/28/pazzi-conspiracy-failed-murder-attempt-on-lorenzo-de-Médici-made-him-even-more-powerful-and-threw-renaissance-florence-into-chaos/

"Warfare in Renaissance Italy". Weapons and Warfare. Última modificación: 1 de agosto de 2016. https://weaponsandwarfare.com/2016/08/02/warfare-in-renaissance-italy/.

"What is the Dome in Florence Called?". Mvorganizing.org – Knowledge Bank: Quick Advice for Everyone. Consultado el 12 de agosto de 2021. https://www.mvorganizing.org/what-is-the-dome-in-florence-called/